www.tredition.de

AF185205

Johannes Vorlaufer, geboren 1959, studierte Philosophie in Wien und München.

Publikationen u.a.: *Das Sein-lassen als Grundvollzug des Daseins. Eine Annäherung an Heideggers Begriff der Gelassenheit*, Wien 1994. *Von Gründen und Abgründen. Gedichte & Gedanken*, Hamburg 2008. *zwischenleben und über leben. Gedichte*, Hamburg 2009. *Personales Selbstsein. Phänomenologische Versuche zum Wesen menschlichen Daseins*, Hamburg 2010. *Vom Hören. Eine Meditation in XXXVI Sprüchen.* Hamburg 2011. *Im Anspruch des Anderen. Beiträge zur sozialphilosophischen und ethischen Dimension der Sozialen Arbeit*, Aachen 2011.

„ ... einander reichen die Menschen
das Himmelsbrot des Selbstseins."

Martin Buber

Johannes Vorlaufer

Von der Kostbarkeit des Wortes

Meditationen und Notizen in der Weite des Daseins

www.tredition.de

© 2015 Johannes Vorlaufer

Verlag: tredition GmbH, Hamburg

ISBN 978-3-7323-4670-7

Printed in Germany

Inhaltsverzeichnis

Vorwort 7

Meditationen...10
am rand 11
unser wort ruht 12
überaus bemerkenswert..14
alles tun 15
leben...18
glückloses glück...19
das geschenk der sterbenden I..20
das geschenk der sterbenden II 22
in den tränen 23
das ende der nähe..24
der dir begegnet...26
das geschenk des grundes 27
das ende 28
wie viel zeit hat die zeit 29
ausgerechnet du...30
nie sind wir allein 31
die träne 32
über alle maßen..33
wir sterblichen..34
voll 35
nähe..36
dich 37
über fülle..38
von der wirrnis...39
verborgen..40
nach den tierfabriken 41
vernichtung durch arbeit..42
manchmal auch nicht 43
entfernung 44

zwiespalt des todes...45

durst des trostes..46

duldsamkeit...47

wer stillt die stille?..48

überaus heilsam ist sie 49

aus der stille..51

was tun? 52

die quelle...53

können wir...54

dankbarkeit..55

meist..56

genug ist genug..57

was? 58

manchmal 59

fassungslos...60

wir müssen...61

konkurrenzlos 62

zartbitter..63

im schatten der eisblumen.....................................65

umwoben..66

berührt...67

begegnung 68

das glanzvolle...69

das stillste..70

die sehnsucht...71

Notizen...**72**

Von Glück und Glückseligkeit..............................73

Vom Zeit-Lassen und Zeit-Haben.........................77

Wozu denken in dürftiger Zeit? 81

Von der Kostbarkeit des Wortes. Notizen zu einem Gedicht Martin

Heideggers..87

Gegenwärtig sein oder: Von der Übung der Sammlung 105

An Stelle eines Nachwortes: ein Abschiedsbrief 126

Vorwort

Menschliches Leben ist so wenig festgestellt, dass wir sowohl unser epochal-geschichtliches wie auch unser individuelles Dasein als höchst fragil erfahren: Manchmal irren wir wie durch ein unendliches Nichts, gar manchmal erweist sich unser Dasein als beängstigend abgründig, manchmal aber erfahren wir das Nichts oder den Abgrund auch als bergend-verbergend. So sind wir uns selbst in unserem Selbstsein eigentümlich gegeben und aufgegeben.

Immer aber sind Andere mit da. Ihre Gegenwart stimmt und bestimmt uns zutiefst in unserer Weise, das Ganze unseres Daseins zu übernehmen. Wie die Anderen mit uns da sind in der Welt ist entscheidend für unser Selbst-sein: In ihrem Mitdasein mit uns können wir wachsen oder verkümmern, ist unser Wesen geborgen oder verborgen, eröffnet und verschließt sich uns Welt. Dieses Mitdasein der Anderen kann niemals als bloßes Mitvorhandensein gefasst werden, denn es drängt auch in Zeiten eines vorherrschenden Neben- und Gegeneinander auf personale Begegnung, auf ein Zueinander, ein Füreinander und manchmal auf ein Durcheinander.

Martin Buber verfasste 1950 einen bemerkenswerten Text, in dem er vom Menschen als Menschen sagt: „aus dem Gattungsreich der Natur ins Wagnis der einsamen Kategorie geschickt, von einem mitgeborenen Chaos umwittert, schaut er heimlich und scheu nach einem Ja des Seindürfens aus, das ihm nur von menschlicher Person zu menschlicher Person werden kann; einander reichen die

Menschen das Himmelsbrot des Selbstseins."[1] „Es gibt" also unterschiedliche Weisen menschlicher Begegnung. Manche dieser Begegnisweisen verschließen uns einander ebenso wie uns selbst. In der Gegnerschaft etwa, gegenwärtig global als Konkurrenzdenken zur universalen Ideologie geformt, lassen wir nicht nur den Anderen nicht nur nicht je ihn selber sein und werden, sondern auch wir selbst bleiben uns selbst in unseren Möglichkeiten verborgen. Doch auch dies ist uns gewährt in der Gabe des „Es gibt": dass wir einander freigeben zu je eigenstem Sein, dass wir durch einander einander je Andere, dass wir einander zur Gabe werden. Im Durcheinander gründet unser Selbst, rufen wir einander ins je Eigene des Selbstseins. Nicht nur ursprüngliche Möglichkeiten unseres Selbstseins, sondern dieses personale Vermögen selbst ist darin aufbewahrt.

Heilsam ist es, wenn wir einander das Geschenk des Grundes reichen dürfen, wenn wir die werden, die unsere abgründige Existenz als bergend-verborgene Quelle des Daseins erfahren. Heilsam ist es, wenn ein besinnliches Denken sich von dem her sich sammeln lässt, in dessen Anspruch es steht. Heilsam ist es, wenn wir uns in unserem Gegeben-sein dankend bejahen dürfen. So sucht dieses Büchlein einen Weg zu gehen, dem nach-zu-denken, was an Fragwürdigem den Weg des Lebens säumt. Und bewegt. Ohne den Anspruch auf Gewissheit oder Sicherheit oder Richtigkeit der Erkenntnis, aber doch ent-sprechend dem zu-Sagenden. Sätze. Nicht mehr. Um das zu sagen, was sich zeigt. Um im Sagen das sich-Zeigende verwandelnd das Sagen zum notwendenden Segen werden zu lassen.

---

[1] M. Buber, Urdistanz und Beziehung. Beiträge zu einer philosophischen Anthropologie, Heidelberg 1978, 36f.

Die folgenden Texte sind einerseits ein Versuch, als Meditationen in der die herkömmliche Satzform übersteigenden Weise zu denken, anderseits das Selbe wieder in die Alltagssprache zu reformulieren: Notizen. Zwei Weisen des Nachdenkens, die aufeinander verweisen: Einübungen ins Dasein, Verwandlungen des Alltags, Vorbereitung eines Festes. Sie wollen uns nicht wissender, sondern übender werden lassen, vertraut mit uns selbst, einander unser Selbstsein zutrauend. In dem Maß, als sie jenen Bezug, aus dem heraus wir in Beziehung zueinander stehen, freilegen, kann es sein, dass sich besinnliches Denken in ein Danken wandelt, dass Dasein als Vernehmen des Ganzen in Sorge füreinander existieren lernt.

Meditationen

am rand

wo der grund
sich dem abgrund
öffnet

wo der boden
sich ins bodenlose
verliert

wo der halt
sich im haltlosen
vergisst

existieren
wir:
randwesen

wesen
wir:
randexistenzen

lebst
du: mensch.

unser wort ruht

unser wort ruht
im ungesagten der unsagbaren stille.

unser wort ruht
im unsagbaren der ungesagten stille.

unser wort ruht
in der stille
des nicht
des sagbaren.

in der stille des unsagbaren
beruht das sagen
des sagbaren.

aus der stille des unsagbaren
sagt das sagen
das sagbare.

unser wort
sagt im sagen des sagbaren
von der ruhe des ungesagten.

stillt das sagen.

das wort
erfüllt die stille
der fülle.

die stille
erfüllt unser wort.

überaus bemerkenswert

es war überaus
bemerkenswert.

dein lächeln,
als die sonne

sich senkte

am horizont
deines lebens.

alles tun

alles tun
hofft auf
ein nicht-tun.

alles tun
gründet
im nicht-tun.

alles tun
ist umkränzt
von einem heilsamen
nicht,
erlösend
das tun unseres tuns:

alles
Nicht
wandelt
das tun
in ein schaffen.

das heilsame wort

das heilsame wort:
wir vermögen nicht,
es auszusprechen

wir vermögen,
ihm hörend
zu entsprechen

wir dürfen
sein lautloses
sagen
erschweigen

ihm
gehörend
seinen zeit-raum
gewähren

wir vermögen,
es
zu mögen.

wir vermögen
es,
zu mögen.

es im
Nicht des aussprechens
zu lassen.

leben

leben:
leiben.

das
große
fragezeichen
am ende.

am anfang.

glückloses glück

wenn kein zufall
es will,
dass allzu viel
glück uns zufällt
im leben

so
glückt doch
manch
glückloses leben

fernab allen zufalls

umhüllt von glück.

das geschenk der sterbenden I

in der gegenwart gegenwärtig sein:
der rückruf der sterbenden.
der ruf zurück in die mitte des lebens:
ihr geschenk an uns sterbliche.
jetzt sind wir sterblich.
im jetzt *sind* wir.
das jetzt gibt sich uns im jetzt:
lässt uns währen.
lässt uns gewährt anwesen
in seiner fülle
des vergangenen
des zukünftigen.

das geschenk der sterbenden:

plötzlich ist alles anders.
mit einem schlag.
in einem moment.
augenblicklich
erblicken wir:
uns.

werden wir vom anderen erblickt:

erblicken wir ein-ander

als die anderen.

alles hängt

am blick

in dem wir zur frage werden.

das geschwätz verstummt.

endlich.

in der unendlichkeit des nicht-seins

erwacht die

endlichkeit des seins

als gabe im jetzt des jetzt.

das geschenk der sterbenden II

das geschenk der sterbenden
an die sterblichen,
die ihr lebt,
aber der gegenwart
entflieht:
jeder ist austauschbar.

du nicht.

leben ist uns gegeben:
das geschenk
als geschenk
erfahren:
geschenktes geschenk.

dank.

in den tränen

in den tränen
ist
freude.

im ende
ist
anfang.

das ende der nähe

das ende
der nähe
naht
in
der nähe
des endes.

es gibt
nichts
mehr
zu sagen.

es gibt
nichts
mehr
zu tun.

es gibt
nichts mehr.

es gibt
mehr Nichts.

es gibt

nur noch

das schweigen

der tränen

im Mehr

des Nichts.

Es gibt im Nichts des Mehr.

der dir begegnet

ein mensch,
der dir begegnet
begegnet dir
aus dem nichts
einer unauslotbaren tiefe
des nicht-sein-müssenden:
zufall als gnade.

das geschenk.

ein mensch,
der sein ohr dir öffnet:
ewigkeit im vergänglichen.

ein mensch,
der sein wort dir schenkt:
offenheit der weite.
präsenz der tiefe.

das geschenk des grundes

wenn deine zeit

sich erschöpft,

wird deine gegenwart eine andere.

kostbar jeder augenblick,

geschenk eines unausschöpflichen grundes.

du selbst wirst ein anderer

im anblick des augenblicks,

in dessen anspruch

du bist.

jedes wort

wird gewichtig

im zuspruch des anspruchs.

in ihm bist

du,

entsprechend

schöpfend

das geschenk des grundes.

das ende

das ende
deiner zeit

gleicht

dem anfang
deiner zeit:

hoffnung und sehnsucht.

wie viel zeit hat die zeit

alles braucht seine zeit.
auch die zeit braucht ihre zeit.
wie viel zeit braucht die zeit,
um sich zu vergessen
in ihre eigene gegenwart?

die zeitlose zeit
vergisst sich selbst
in ihr nichts
an gezähltem.
bewegt in die ankunft des künftigen.
bewegt das anfängliche des anfangs.

wie viel zeit hat die zeit,
um sie selbst zu sein?
was bewegt die zeit sich zu lassen?
wer gibt der zeit ihre zeit?

die zeit der zeit:
alles braucht seine zeit.

ausgerechnet du

ausgerechnet du:
mensch,
mit dem ich nicht gerechnet habe.

ausgerechnet du:
mensch,
den ich nicht erwartet habe.

ausgerechnet du:
mensch,
und doch nicht mensch, weil du-selbst.

nicht zu fassen, nur zu nennen.
grüssend berühren in einem mehr des nicht.

ausgerechnet du:
glück des zufalls.

nicht errechneter
zufall des glücks.

nie sind wir allein

nie sind wir allein,
doch stets einsam
neben anderen:
mit einander
neben einander
gegen einander.

doch
im blick durchbrochen
schimmert ein für.

möglichkeit des
seins für einander.

ruf vor allem ausruf.

gabe vor aller aufgabe.

dürfen vor allem können.

durch einander vor allem gegen einander.

die träne

die träne
die
du
vergießt
versammelt
das ganze
deines daseins.

über alle maßen

im übermaß
war das
geschenk deiner gegenwart.

über alle maßen
groß
jenseits von größe
überwältigend
ohne gewalt.

wir sterblichen

wir sterblichen
müssen
das sterben
erst
lernen.

was sonst?
anspruch unseres wesens.

voll

der grosse fisch
der den kleinen frisst
der den kleineren frisst
frisst
frisst
frisst
voll
gefressen
voll
gelebt
voll
völlerei.

völlig
voll normal
?
Völlig
fehl im vollen.

nähe

ungreifbar
alles fassen umfassend.

aufhebung aller dulosigkeit.

geschenk der ichlosigkeit:

sich selber
geschenkt:
sein.

dich

dich
hat der himmel geschickt

wie sonst
wär es möglich

dass deine
worte erhellen

alles was ist

dass
alles was ist

sich nun zeigt

erstrahlt

wie am ersten tag?

über fülle

mehr
als alles:

da
wo
du
bist

wenn
du
da
bist:

geöffnet
der überfülle
des lebens.

von der wirrnis

manchmal mag es sein,
dass wir
schrecken:
den schrecken der
irre
die uns täglich bedrängt
im erschrecken
heilsam
werden:
lassen

das wirre
der wirrnis
vorüberziehen:
lassen

das einfache
unseres grundlosen seins
einfach
sein:
lassen.

verborgen

verborgen
ist
was
es
ist

geborgen
ist
es
in
seinem
verborgenen
sein

entbergend
bergend.

nach den tierfabriken

nach den tierfabriken
wüten
die menschenfabriken.

in ihnen vollendet sich
was mit auschwitz begann.

wir menschen:
seit jahrhunderten abgerichtet.
zugerichtete bedürfniswesen.
ding unter dingen.
kostenfaktor.
sich selbst suchend. vergeblich.

wir fühlen es nicht:
in den menschenfabriken heute
herrscht geschäftiges treiben.
sich selbst suchend. vergeblich.

dialektik des angriffs:
was wir der natur antun, tun wir uns selbst an.

vernichtung durch arbeit

nicht nur damals

als einst

ein dunkel sich legte

über die welt

und uns offenbarte

was ist

und

wer wir sind,

auch heute

noch

und

gerade erst recht

arbeiten wir

rund um die uhr

an der verwüstung der welt.

vernichtend durch arbeit

was offenbar nicht

sein:

soll.

manchmal auch nicht

manchmal
verdeckt ein zweifel
den himmel

überschattet
die erde

entzweit
die menschen

vertreibt
die götter.

entbirgt
das heillose.

manchmal auch nicht.

entfernung

in der nähe
des abgrunds:
erfahren,
dass
du da bist.

in der nähe
des grundes:
entfernend.

je ferner
der andere
desto näher
ein
ander.

zwiespalt des todes

er fügt zusammen:
sammelt im fügen.

fugsam
das ganze
fugend
erwacht
ein neues.

durst des trostes

der trost
dürstet
nach hoffnung

verzehrt sich
im trösten

erfährt sich
begnadet
aus einer quelle tröstend

erfährt
tröstend die quelle des tröstens
nie versiegende hoffnung.

die tröstenden sollten
dankbar
sein.

duldsamkeit

welch eine götterspeise
welch ein geschenk der götter
welch eine möglichkeit unseres daseins.

sie duldet und erzwingt nicht.
sie gewährt und befreit.
sie lässt zu und bewirkt nicht.
sie räumt ein und eröffnet.
sie schenkt zeit und fasst nicht.

heilend
bist Du uns,
die wir zerrissen sind.
sei gegrüßt,
Du, der wir uns einander verdanken.

habt geduld mit der geduld:
sie lässt uns den göttern gleich werden.

woher nimmt die geduld ihre duldsamkeit?
habt geduld mit der geduld.

wer stillt die stille?

wer stillt die stille?
worin ruht die ruhe?

unnötige fragen,
denen wir
geschäftig beschäftigt,
nur unterbrochen
vom schlaf und seinen träumen,
voll freude und kraft,
eiligst
enteilen.

wer stillt die stille?
worin ruht die ruhe?

wo sind wir je wir selbst?

überaus heilsam ist sie

überaus heilsam ist
sie:
deine nähe
heilt
die zerrissenheit
unseres daseins.
verwandelt
das vergangene.
der riss
im milden schein
deines blicks
wird zum ort
unsrer zukunft.
mensch,
du selbst bist
der raum
des heilen
und
bist es doch nicht.

deine nähe
öffnet

den raum unseres daseins
stillt das rasen der zeit

bewegt:
sie ruft dich zurück aus der wirrnis
und schenkt dir die zeit,
die fülle des nicht-tuns.
und lässt dich dankbar: sein.

aus der stille

aus der stille
spricht
das wort,
das entgegenwartet
einem
hören.

was tun?

was tun in der unendlichkeit gehetzter galaxien?
was tun mit der zeit, die uns gegeben?

welch zwänge des sollens.
welch ein tun.

welch eine freude im loslassen.
welche kraft aus dem sanften.
welche weite der ruhe.

was tun?
welches tun?

die quelle

die quelle
aus der wir trinken:

sie kann nur quelle sein,
wenn wir sie nicht versiegen lassen.

sie kann nur segen sein,
wenn wir sie nicht veröden lassen.

sie kann nur quellen,
wenn wir sie quellen lassen.

in ihrem quellen
gibt sie
sich selbst
aus sich selbst
uns selbst.

in ihrem quellen
sind wir uns uns selbst gegeben.
für einander.

können wir

können wir dem tod die hand reichen?
können wir,
vom tod berührt,
einander noch die hände reichen?

oder aber vielleicht:

können wir
gerade jetzt
einander die hände reichen
ein-ander
berühren als berührte?
ein-ander
andre werden?

vielleicht lässt
der tod erst zu
die möglichkeit:
umhüllt vom tod
wird gegenwart kostbar
erstrahlt aus dem nichts
ein milder schein.

dankbarkeit

dankbarkeit
vermag zu heilen

ein bejahen ohne affirmation
ein sein im durch einander
ein annehmen-können
das den anderen mit-annimmt
ein sich-geschenkt-sein-lassen
das den anderen nicht festhält.

im vermögen der dankbarkeit
waltet
ein mögen,
dem wir uns einander verdanken.

meist

oftmals
haben wir gefühle.

selten aber
fühlen wir einander.

meist aber
fühlen wir nicht.

sind
im haben der gefühle
gefühllos.

genug ist genug

im Haben
sein Selbst
haben wollen: gier

im Haben
sich selbst wollen: gier

im Nicht
des genug
sich verloren haben: gier

sie lässt nicht werden

sie lässt nicht wohnen

nicht genügt es zu sein,
sagt die gier.
genug ist genug,
sagt das Nicht.

was?

was gibt
dem dasein seinen grund?

was schenkt
der welt ihr morgen?

was öffnet
allem seine offenheit?

was?
wer?

manchmal

manchmal
mag es sein,
dass sich der blick
wendet
vom hinblick
zum anblick
des hinblicks.

einmal nur
möchte es sein,
dass erblickt wir uns erfahren
im anblick
frei gegeben
existieren.

fassungslos

gar oft
fassen wir
die dinge

zu oft
fassen wir die menschen

zu oft sind wir gefasst

zu selten vom schrecken erfasst

ungefasst
umfasst uns der schrecken im erschrecken

fassungslos sind wir
ungefasst.

wir müssen

ein freundliches
muss
durchwaltet unser dasein:
es muss
von uns
übernommen werden.
angenommen
hier und jetzt.

angewiesen auf unser vermögen,
weisend einen weg,
den es nicht gibt,
und den es doch gibt.

mögen wir dieses vermögen?
wer vermag dieses mögen?

wer vermag dies zu mögen?

konkurrenzlos

konkurrenzlos
bist du
da
in der offenheit deines anwesens.

dein herz
ist
behütet
in einem anderen mitsein.

zartbitter

in der zartheit
der zärtlichen
schwebt eine bitterkeit.

zartsam gedeiht,
was ins Sein gerufen.

zartbitter
ist
alles was ist.

in der zärtlichkeit des zarten
wartet eine bitterkeit
des abschieds,
im abschied wird
die zartheit bitter.

die zärtlichkeit des zarten
berührt uns in unserem grund.

wandelt den abgrund unseres seins
in die bejahtheit unseres wesens.

sie west fernab

unsers alltags im alltag

und bereitet den feiertag vor.

bitter werden unsere tage

wenn das zarte fehlt.

wenn der fehl des zarten

die gegenwart quält.

das zarte behütet

die hut des behütsamen.

die zarten werden die letzten sein:

denkend das erstaunliche unseres Da.

das erstaunlichste des Da:

das dass des Da.

das letzte

das behutsame,

das zartsame.

der entzug des dass:

bitterkeit des zarten.

im schatten der eisblumen

sind wir ein Gespräch
schenken wir einander
das Wort das uns befreit
hüten wir einander
in unserem anders sein.

umwoben

umwoben vom blick des andern.

wahrgenommen,

in eine gegenwart freigegeben.

einem anderen gegenwärtig sein.

dasein mit ihm für ihn.

durch den andern

sich gegenwärtig erfahren.

helle im blick des augenblicks.

klarheit, die uns zuträglich.

die in ihrer helle versinkt.

sich entzieht in ihrem geben.

eigentümlichkeit unseres existierens:

sich gegeben-sein

im

sich-entzogen-sein.

sein

im

nichtsein.

im nicht des nichtseins sein.

berührt

es berührt

das eigentümliche unseres daseins:

dass du da bist.

dein dasein eröffnet den raum einer gegenwart.

nein:

ist eröffnet in einem raum der gegenwart.

nein:

ist da im offenen eines eröffneten raums der gegenwart.

nein:

öffnet einen offenen raum eröffneter gegenwart.

nein:

berührt unser dasein.

weite.

im eröffneten offenen des da ist auch das eröffnete offen.

nicht nur etwas erscheint, auch das erscheinen erscheint.

warum berührt das berühren?

begegnung

zumeist

ein zusammentreffen

zumeist

das allgemeine im besonderen

zumeist

ein gestell des miteinander

zunächst

das ungewohnte im gewöhnlichen

zunächst

das seltene im überflüssigen

das kostbare:

das wohnen im gewöhnlichen

das besondere im allgemeinen.

das kostbare

das glanzvolle

im seltenen
leuchtet
das gewöhnliche

glänzt die oberfläche?
glänzt die tiefe?

der glanz der höhe

im gewöhnlichen
leuchtet
das seltene

das geglitzer unterdrückt den glanz

das stillste

das stillste im stillen
kein ding.
kein un-ding.
kann es gehört werden?
was stillt die stille?
was füllt die fülle?
was wahrt die wahrheit?
was sagt das wort?

inmitten des seienden
spricht die stille des stillsten

waltet ein geheimnis
in der mitte des inmitten,
im in des in.

die sehnsucht

bei der autowäsche:
es möge doch
schön sein.
es möge doch
glänzen.

was vermag die autowäsche?

welches sehnen
welche sucht.

Notizen

Von Glück und Glückseligkeit

Die Menschen „streben nach dem Glück, sie wollen glücklich werden und so bleiben"[2] - so Sigmund Freud 1930. Im Konflikt zwischen Lust- und Realitätsprinzip ist dieses Verlangen aber unerfüllbar: „man möchte sagen, die Absicht, daß der Mensch ‚glücklich' sei, ist im Plan der ‚Schöpfung' nicht enthalten"[3]. Was im Kontext der Kulturentwicklung als Glück erfahrbar ist, ist vielmehr ein „episodisches Phänomen"[4], der Glücksfall einer „eher plötzlichen Befriedigung hoch aufgestauter Bedürfnisse."[5]

Weit weniger Schwierigkeiten macht es dem Analytiker Freud, Unglück zu erfahren. Doch dieses Unglück, das mit Auschwitz seinen vorläufigen Höhepunkt erreicht hat, und das die Menschheit seither nicht mehr loslässt, ist zunächst und zumeist verborgen und äußert sich nicht nur in erkennbaren neurotischen Erkrankungen, sondern mehr noch in der alltäglichen Hoffnungslosigkeit - oftmals getarnt als „Glück": Wie unglücklich müssen wir Menschen der Gegenwart sein, wenn wir mit verbissener Hartnäckigkeit unsere Hoffnungen in eines der zahlreichen Glücks-„Spiele" setzen. Wird hier mit Hoffnung gespielt? Wer hat ein Interesse daran, dass immer nur Wenigen „Glück" zufällt? Und *sind* diese Wenigen, die Glück *haben*, dann auch glücklich? Die Vermutung liegt nahe, dass Illusionen, phantastische Vertröstungen, nötig sind, um zu beschwichtigen, um von der Hoffnungslosigkeit abzulenken.

---

[2] S. Freud, Das Unbehagen in der Kultur, in: Studienausgabe Bd. 9, Frankfurt 1982, 208.

[3] Ebd.

[4] Ebd.

[5] Ebd.

Glückspiele sind, was Marx der Religion attestierte: „der Geist geistloser Zustände"[6].

Was Freud in seiner Kulturkritik nicht bedenkt, sind die gesellschaftlichen Mechanismen, die uns in ein System zwingen, wo wir uns als unglücklich-zerrissenes Bewußtsein am Haben des glücklichen Zufalls orientieren, danach, dass Glück uns in Gestalt der Waren zufällt, so dass wir uns an ihr Glücksversprechen klammern, dadurch aber in den Kreislauf hineingezwungen werden, der uns nicht loslässt zu uns selbst, sondern uns selbst entfremdet den eigensten Möglichkeiten unseres Seins. Am Haben orientiert, sind wir eingepasst in jene Leerläufe, deren Leere uns ängstet und die wir vergeblich aufzufüllen trachten. Wir wollen dann Glück haben, weil wir unglücklich sind.

In einem seiner Aphorismen schrieb Georg Trakl: „Nur dem, der das Glück verachtet, wird Erkenntnis."[7] Leuchtet in der Kraft der Negation, des Widerstands gegen die herrschenden Glücksangebote, Anderes auf: Verzicht auf Glück als Voraussetzung von Glückseligkeit? Ist ein Loslassen des glücklich-sein-Wollens ein Weg zum glücklich-Sein?

Wo und wie erfahren wir Glück? Wenn und solange wir glücklich *sind*, besitzen wir dies Glück nicht, können es nicht objektivieren, bewerten, vergleichen, messen. Wollten wir Glück zwingen, es wäre kein Glück, sondern bestenfalls unsere Projektion. Erst rückblickend begreifen wir ein Ereignis als glücksstiftend. Es war wohl

---

[6] K. Marx, Zur Kritik der Hegelschen Rechtsphilosophie, in: MEW Bd. 1, 14. A. Berlin 1983, 378.

[7] G. Trakl, Das dichterische Werk. Hg. v. W. Killy u. H. Szklenar, München 5. A. 1979, 255.

Begegnung im „Spiel": nicht bloß nach einer Wahrscheinlichkeitsformel „zufällig", sondern „zugespielt" war uns dies, dass wir unvermutet, und doch erhofft, nicht vorausberechnet, und doch erwartet, im Blick der Augen einander begegneten, und dass in aller Differenz Identität aufleuchtete. Unfassbar widerfuhr uns dies, „selber", ein Selbst zu sein - eine Erfahrung, die sich uns gewährte, indem wir sie einander gewährten. Ereignis des Lassens. Das Wort gebricht, wo Wesentliches sich uns zeigt. Empfangendlassend sind wir eingelassen in dies Ereignis, das sich jedem Festhalten entzieht, und doch als Ermöglichungsgrund da und erfahrbar ist, wenn wir das Glück-haben-Wollen lassen.

Im Glück sind wir die Empfangenden und Gebenden zumal. Und so sind wir als Dankende: nur indem wir den Gebenden - ihm Raum gewährend - sein lassen, sind wir die Empfangenden; und nur indem wir die Empfangenden sind, sind wir die Gebenden. „Beide müssen etwas geben, Glück als das gerade nicht Tauschbare, nicht Klagbare, aber solches Geben ist untrennbar von dem Nehmen"[8]. Und beide wissen sich verdankt dem, was sich allem Haben entzieht, und was uns so uns selbst sein lässt. „Ein Zeichen sind wir, deutungslos,..." schreibt Hölderlin in seiner „Friedenfeier": zeigend in den Ursprung unserer selbst als das je Verborgen-Gegenwärtige.

Glückserfahrung ist Verheißung: was war - meiner und deiner Vergangenheit - wird Zukunft zugesprochen. Wir stehen im Anspruch des Anderen und dürfen sein.

Wer sich lässt, wird sich finden: in der äußersten Form von Begegnung ereignet sich, was wir nicht intentional anstreben können:

---

[8] Th. W. Adorno, Minima Moralia. GS 4, Frankfurt 1980, 245.

Glück als sich zu eigen werden. Und darin wird uns Wirklichkeit neu erschlossen, genauer: der Grund, die Verwurzelung unseres Wesens gibt sich uns zu verstehen als Herrlichkeit. Und dies meint das alte Wort Glückseligkeit.

Vom Zeit-Lassen und Zeit-Haben

„Niemand schien zu merken,
daß er, indem er Zeit sparte, in
Wirklichkeit etwas ganz anderes sparte. Keiner wollte
wahrhaben, daß sein Leben
immer ärmer, immer gleich-
förmiger und immer kälter
wurde." Michael Ende[9]

Es ist schon recht seltsam: Flugzeuge fliegen immer schneller,
Computer rechnen immer schneller, die Wirtschaft produziert immer schneller, und doch bleibt keine Zeit, es bleibt *nichts*. Nichts,
woran wir uns halten könnten, kein Halt, der uns vor dem Nichts
bewahren und uns *so* Bestand geben könnte. Sollen wir mit noch
schnellerer Maschinerie noch mehr Zeit sparen, sie zum Bleiben
zwingen? Wozu aber sollte Zeit *bleiben*? Aber was wäre das überhaupt für eine Zeit, die nicht „verginge", sondern bliebe?

Zeit - was ist das? All-täglich er-fahren wir Zeit, er-leben wir
Zeit, leben, sind wir zeitlich, indem wir aus einer jeweiligen Vergangenheit in eine Zukunft hinein und aus der Zukunft gegenwärtig leben: verdrängend, bewahrend, verwandelnd ist Vergangenheit stets da im Jetzt, im Entwurf auf Zukunft hin. Ohne dass wir
Zeit ausdrücklich bedenken, rechnen wir schon mit ihr, benutzen

---

[9] M. Ende, Momo oder Die seltsame Geschichte von den Zeit-Dieben und
von dem Kind, das den Menschen die gestohlene Zeit zurückbrachte,
München 1988, 71f.

wir sie, um etwas zu tun, um Werte zu schaffen, die der Vergänglichkeit trotzen. Unser Tun ist Planung, die das Maximum herausholt - her aus dem Nichtsein schaffen wir etwas, entreißen es dem Rohstoff Erde. Um zu bestehen, müssen wir schneller schaffen, müssen wir Zeitleerläufe verringern, Zeit sparen. Sparen - hier ist es: Zeit *ist* Geld. Geld *ist* Zeit, geronnene Vergangenheit, die in Gefahr ist, keine Zukunft zu haben: Geld, unser oberster Wert, entwertet sich stets und bedroht uns dadurch. Zeit bedroht uns durch ihr Nicht-mehr-sein. Dies bestimmt uns in unserer Welterfahrung - genauer: diese Zeiterfahrung be-*stimmt* uns, erschließt uns in einer bestimmt-gestimmten Weise unser Leben.

Weil Zeit kostet? Nein: So wie Geld eine All-macht erlangt hat, die bedeutet, dass wir uns seinem Mechanismus des Je-immer-mehr unterwerfen müssen, so scheint es auch mit der Zeit sich zu verhalten: wir müssen uns dem Je-immer-schneller unterwerfen. Geld lässt uns nur sein, wenn wir seine Allmacht anerkennen und uns ihm anpassen, indem wir seinen Verwertungsmechanismus beschleunigen. Diese Unterwerfung aber bestimmt uns. Es läßt uns nicht in unserem eigensten Möglichkeit-sein frei, sondern be-wertet uns nach seinem Wert. Geld ist der vergegenständlichte Allmachts-Gott. Unter seiner Herrrschaft verwandelt sich Zeit von der Gabe des Seins in die Herrschaft der Zeit-Maschinerie. Nur wer als Rädchen bereit ist zu funktionieren, nur wer ihr Prinzip des Je-immer-schneller sich zu eigen macht, darf - nein, nicht sein, sondern weiterfunktionieren. Zeit zerrinnt so und lässt nicht mehr ankommen: Dinge ebenso wenig wie Menschen. Zeit wird zum Nichts, das uns ängstet: die Drohung, selbst dem Nichts gleich zu werden.

Wir können uns deshalb keine Zeit „leisten", wir können sie nicht *lassen*, sondern klammern uns an sie - im rechnenden Griff aber wird sie zum je immer größeren Nichts. Doch: ist dies das

Letzte, was ist? Oder ist dies nur jene Bewußtseinsform, die der Geld-Gott uns aufzwingt?

Der Tod, das radikale Nicht-mehr-sein ruft uns zurück in eine Zeit-Erfahrung, die nicht mehr messbar und berechenbar ist. Der Tod ist jetzt: Er umgreift uns in all unserem geschäftigen Hantieren. Auf ihn hin sind wir, in seinem Nichts sind wir jetzt - auch dann, wenn wir vor ihm flüchten und Halt suchen: Der Augenblick, der ist, indem er schon nicht-mehr ist; die Begegnung, die als flüchtige sich uns entzieht. Durch ihn werden wir zurückgeworfen auf unser haltloses Dasein, das alles machen zu können meint. Zwar können wir diesem Rückruf erneut zu entfliehen suchen, aber er ist jene positive Möglichkeit, die uns zu uns selbst ruft, indem er uns herausruft aus dem vergeblichen Zeit-haben in ein Zeit-lassen. Im Nichts des Todes sind wir, dies heißt auch: je jetzt sind wir neu, je jetzt lässt das Nichts des Jetzt uns sein. Nur weil Nichts im Jetzt ist, nur weil das Jetzt sich je neu in ein Nichts weggibt, gibt es uns: ohne Nichts kein Sein. Je jetzt dürfen wir sein: im Nicht-mehr und Noch-nicht des Jetzt halten wir uns auf, wohnen wir, sind wir. Indem wir des Todes im Jetzt gewahr werden, wandelt sich uns aber Welt: vom Rohstoff, dem wir Werte entreißen müssen, um zu sein, zu einem Zeit-Spiel-Raum, wo Begegnung sich ereignet. Ereignen aber meint, dass Zeit und Sein ins Selbe sich vereignen. In dieses Ereignis sind wir eingelassen, in seine Erfahrung können wir uns zurückrufen lassen.

Im Bild eines emanzipierten Lebens leuchtet die Zeit als lassendes Nichts. Vorgeschmack dessen könnte sein, was so selten ist und was wir dennoch ersehnen: erfüllte Zeit im Blick der Augen. Den Augen-Blick gewährt kein Geld-Gott, ihn fürchtet die Zeit-Maschine. Er entzieht sich dem Rechnen und gibt frei, gewährt Sein. Den Augenblick können wir nicht herstellen, nicht machen, nicht wollen ... Nur im Lassen lässt er uns ankommen als die, die wir sind, eröffnet Zu-kunft dem Gewesenen und Utopie: was sein könnte, ist das je und je Ermöglichende – entzogen, doch da.

Seltsam: Sein ist nicht. Zeit ist nicht. Nur in ihrem Zusammengehören sind wir. Finden wir Halt im Loslassen? Im Nichts der Zeit? Brauchen wir Halt? Oder brauchen wir Begegnung? „Haben" wir dann noch Zeit? Welche Zeit?

Wozu denken in dürftiger Zeit?

> „Das Leben als Zweck ist quali-
> tativ verschieden vom Leben als
> Mittel." *Herbert Marcuse*[10]

Wozu denken? Wozu fragen? Wozu denkend fragen und fragend denken? Wozu denkend-fragend als fragend-Denkender existieren? Wozu nach dem Wozu fragen? Was bedenken wir aber ei-
gentlich, wenn wir das Wozu unseres Denkens bedenken und das
Wozu unseres Fragens befragen? Was erfragen wir im Wozu? Ein
intentionales Etwas, das außerhalb unserer selbst das Worumwillen unseres Daseins bestimmen sollte? Ein Woraufhin, auf das wir
dann hin sollen? Oder suchen wir nicht im Grunde unseres Fragens im und nach dem Wozu jenes Gründende zu erfragen, in dem
wir vorgängig vor unserem Fragen immer schon sind, wenngleich
wir allererst im Fragen selbst uns selbst erst ausdrücklich begreif-
bar werden können?

Offenbar sind wir schon unterwegs auf ein Wozu und halten
uns in ihm auf, bevor wir es überhaupt noch erfragen und fragend
thematisieren können: Das Wozu ist früher als unser Fragen nach
ihm. *Unser* Fragen fragt, weil es im Offenen unseres Daseins dieses
als In-Frage-gestellt erfährt. Folglich ist der Weg dieses fragenden
Unterwegs auch kein statisches Ding, kein Etwas, auf dem wir gehen könnten, keine Lehre, an die wir uns halten könnten, sondern
eine Weise, wie wir je wir selber sind, wie wir im Offenen unseres
Da-seins sein können. Denkend zu fragen und fragend zu denken

---

[10] H. Marcuse, Der eindimensionale Mensch. Studien zur Ideologie der
fortgeschrittenen Industriegesellschaft, Darmstadt 1967, 37

ist somit eine Weise, im Da unseres Da-seins unser Da zu sein, sich im offenen Raum unseres Seins seiner Fragwürdigkeit und gründenden Abgründigkeit zu öffnen.

So sind wir immer schon die, die so da sind, dass dieses ihr Dasein kein Vorhandensein meint, sondern eine Weise, selber unser je eigenes Da-Sein zu vollbringen. Deshalb ist nun die Frage nach dem Wozu unseres Denkens eine Frage nach uns selbst, nach unserer Möglichkeit, radikal - unsere Radix begreifend und so unser Sein im Offenen ausdrücklich als Möglichkeit ergreifend - zu sein. Denkend zu fragen und fragend zu denken meint dann nicht nur eine unserer zahlreichen faktischen Verhaltensmöglichkeiten, sondern eine Grundmöglichkeit unseres Daseins, eine Möglichkeit, *in* der wir sind und die wir dennoch allererst eigens ergreifen müssen, wenn wir uns unser Wesen nicht bloß als ein Ich vorstellen, sondern es aus dem Vollzug unseres In-der-Welt-seins verstehen wollen.

Bewegtes wahrendes Denken

Bestimmt sich Philosophie aber als jenes Denken, das dem Fragwürdigsten zu entsprechen sucht so, dass ihr, wie Martin Heidegger formuliert, das Fragen zur „Frömmigkeit" ihres Denkens wird[11], so kann und will sie keine abgeschlossen-fertige Lehre sein: Sie ist nur, was sie ist, im Vollzug des radikalen Denkens unseres bewegten, auf den Weg geschickten Seins selbst, und das heißt in Bezug auf unsere Tradition auch: im Nachdenken dessen, was sich im Gedachten der Philosophen als zu-Denkendes uns zuspricht.

---

[11] *Fromm* besagt bei Heidegger „fügsam ... dem, was das Denken zu denken hat" (M. Heidegger, Unterwegs zur Sprache, Pfullingen 6. A. 1979, 175).

Aufgabe des philosophischen Denkens ist dann dieses selbst in seiner Radikalität: Reflexion seiner Verwurzelung in dem, worin es ihm zu Denken gibt: das Ganze und der Grund des Seins als Woher, Worin und Worumwillen unseres mit unserer Existenz gleichursprünglich mitgegebenen Verstehens. Mithin geht es um uns selbst, um das Erschließen des uns in unserer Selbsterschlossenheit immer schon vorreflexiv Gegebenen, des zunächst und zumeist uns aber dennoch Verborgenen.[12]

Philosophie als fragendes Denken heißt dann zuerst und vor allem, den nur scheinbaren Halt im Gewußten aufzugeben, das Sichklammern an Informationen, Fakten, Ideen, Idealen, Idolen, Parolen, Formeln ... loszulassen, viel *mehr* sich befragen zu lassen im und aus dem Offenen unseres Weltganzen. Sind wir in dieser Haltlosigkeit den Halt losgeworden, sind wir losgekettet von unseren wissen-wollenden Selbstentwürfen, die uns vor dem Nichts bewahren sollen, so sind wir allererst in der Lage, zu wahren, was sich als Wahres zeigt: begegnende Menschenwesen ebenso wie Naturdinge oder vielleicht gar ein Göttliches.

Dürftiges Getriebe versus sinnendes Denken

Ist nach Herbert Marcuse das Leben als Zweck qualitativ verschieden vom Leben als Mittel, so spiegelt sich in der vermittelten Existenz die Not unserer Zeit als die Fraglosigkeit des Fragwürdigen selbst, die Dürftigkeit der reinen Funktionalität unseres Menschenlebens im herrschenden Getriebe, das uns in unserem - verbal zu verstehenden - Wesen nicht frei-gibt die zu sein, die wir sind und sein könnten: Das uns nicht gönnt, so bei den Dingen und mit den Menschen zu sein, dass in ihrem Anwesen unser Wesen als

---

[12] Vgl. M. Heidegger, Sein und Zeit, Tübingen 15. A. 1979, passim.

Gabe füreinander empfangen und erfahren würde aus seinen eigensten Möglichkeiten. Vielmehr zwingt das Diktat der technisch-ökonomischen Maschinerie uns selbst ihre entfremdet-entfremdende Form auf: die des Triebwesens, das im Getriebe des Fortschritts uns nur als zum Mittel verzweckt existieren läßt. Als Getriebene entzieht sich uns die Erfahrung der Selbstzweckhaftigkeit unserer Existenz: Insofern die herrschende Rationalität als die Rationalität des Herrschenden, in der der Einzelne nichts mehr zählt, obwohl man ständig mit ihm rechnet, eines ihr angepaßten Menschenwesens bedarf, das, selbst verdinglicht, sich den Strukturen dieser Herrschaft anpaßt, ist rechnend-instrumentelles Denken ein Teil jener Herrschafts-Logik und zugleich ein Moment entfremdeter Selbstinterpretation.

Die Totalität instrumentellen Denkens als Moment des unwahren Ganzen genügt sich in mythischer Zirkularität des Je-immer-Gleichen[13], ohne je Identität stiften zu können, aber diese stets verheißend. Ihr Herrschaftsprinzip und zugleich ihre illusionäre Hoffnungsstruktur ist Beschleunigung des zirkulären Gleichen. Marianne Gronemeyer hält fest, dass Beschleunigung „eine Variante des schnöden Utilitarismus (ist). Unter ihrer Diktatur wird alles unter dem Aspekt der Nützlichkeit betrachtet; und der ist wiederum definiert durch die Eignung zu weiterer Beschleunigung. ... Beschleunigung kann nicht wie Denken und Erfahren ein Drittes hervorbringen. Sie vermag nur in dumpfer Solipsistik weitere Beschleunigung zu entfesseln und sich als ultima ratio des vergänglichen Lebens immer neu zu empfehlen."[14] Ihren totalitären Charakter, der ihrer scheinbar ideologiefreien Rationalität zugrunde liegt,

---

[13] Vgl. Th. W. Adorno und M. Horkheimer, Dialektik der Aufklärung. Philosophische Fragmente, in: Th. W. Adorno, GS 3, Frankfurt 1981.

[14] M. Gronemeyer, Das Leben als letzte Gelegenheit. Sicherheitsbedürfnisse und Zeitknappheit, Darmstadt 1993, 136.

hat Adorno herausgestrichen, denn die „Technisierung macht einstweilen die Gesten präzis und roh und damit die Menschen. Sie treibt aus den Gebärden alles Zögern aus, allen Bedacht, alle Gesittung … In den Bewegungen, welche die Maschinen von den sie Bedienenden verlangen, liegt schon das Gewaltsame, Zuschlagende, stoßweis Unaufhörliche der faschistischen Misshandlungen."[15] Hans Blumenberg kann wohl deshalb rechtens vermuten: „Die Enge der Zeit ist die Wurzel des Bösen".[16]

So bedarf denn die dürftige Zeit eines Denkens, das gegen den Sog der Ideologie des Immer-schneller-immer-mehr das Prinzip der Langsamkeit und Bedächtigkeit setzte: Langsamkeit hieße dann, so zu sein, dass allem, was ist, Zeit gewährt ist; dass Leben sich nicht definiert, eingrenzt vom Beherrschen der Zeit durch die Uhrmaschinerie; dass Denken sich Zeit läßt und das zu-Denkende nicht erzwingt; dass Sprache bedächtig Wort und Schweigen versammelt, in ihrer Wahrheit hütet und so freigibt. Und Bedächtigkeit hieße, den Gedanken bedachtsam zu denken, besinnend den Sinn, dem Wahren der Wahrheit ent-sprechend. In seinen *Vermischten Bemerkungen* deutet Ludwig Wittgenstein dieses Grundbemühen der Philosophie an: „Im Rennen der Philosophie gewinnt, wer am langsamsten laufen kann. Oder: der, der das Ziel zuletzt erreicht."[17]

Das Bedenklichste zu denken ist es, wozu Philosophieren unterwegs ist, dem Philosophie sich denkend verdankt. In der Ab-

---

[15] Adorno, Minima Moralia. Reflexionen aus dem beschädigten Leben, GS 4, Frankfurt 1980, 43f.

[16] H. Blumenberg, Lebenszeit und Weltzeit, Frankfurt 2. A. 1986, 71.

[17] L. Wittgenstein, Vermischte Bemerkungen, Werkausgabe 8, Frankfurt 1984, 498.

gründigkeit ihres Fragens entbirgt sich nicht nur die Grundlosig-
keit des gesellschaftlich Vorgegebenen, dass es nämlich nichts ist
mit den repressiven Werten einer Zivilisation, die sich am Willen
zur Macht orientiert, sondern darin zeigt sich viel mehr noch ein
„Nichts", das als Grundlosigkeit sich weg-gibt und uns so *sein* läßt:
Zeit. Dem zu entsprechen ist philosophisches Denken unterwegs.
In der Gewaltlosigkeit ihres sinnenden Denkens bricht sich die
Gewalt des rechnenden Denkens, eröffnet sich die Dimension des
Ganz Anderen.

Als entsprechendes, zeit-lassendes Denken gerät Philosophie zu
einem hörenden Vernehmen. Am 6. Jänner 1917 hält Ferdinand
Ebner in seinem Tagebuch fest: „Lernt nicht gerade derjenige, der
einmal daraufgekommen ist, wieviel der Mensch vom Leben zu
lernen, wieviel es ihm zu sagen habe, das Schweigen? Sterben
wirklich die meisten Menschen, ohne gelebt, ohne das Leben in
seiner Tiefe gelebt zu haben? Der Mensch lernt vom Leben das
Schweigen, und umso besser lernt er es, je mehr ihm das Leben zu
sagen hat."[18] Schweigen verstummt nicht bloß, sondern erschließt
als existenzielle Möglichkeit dem Dasein seine es konstituierende
existenziale Erschlossenheit des Ganzen und des Grundes, eröffnet
dem Dasein sein apriorisches In-der-Welt-sein als Offensein für
das, was ist. Die apriorische Offenheit für Welt impliziert allererst
die Möglichkeit des voneinander-hören-*Könnens*. In dieser Möglichkeit sind wir, diese Möglichkeit bestimmt uns in dem, was als
ursprüngliche Weise unser Dasein bedingt. Dichterisch spricht
Friedrich Hölderlin in seiner *Friedensfeier* von dieser Grundmöglichkeit:

„Seit ein Gespräch wir sind
Und hören können voneinander."[19]

---

[18] F. Ebner, Das Wort ist der Weg. Aus den Tagebüchern, Wien 1949, 93.

[19] F. Hölderlin, Gedichte, Stuttgart 1979, 140.

Von der Kostbarkeit des Wortes.
Notizen zu einem Gedicht Martin Heideggers[20]

„Der Mensch muß, bevor er spricht, erst vom Sein sich wieder ansprechen lassen auf die Gefahr, daß er unter diesem Anspruch wenig oder selten etwas zu sagen hat. Nur so wird dem Wort die Kostbarkeit seines Wesens, dem Menschen aber die Behausung für das Wohnen in der Wahrheit des Seins wiedergeschenkt."[21]

Einleitung: Unser gewohntes Sprechen

Wir bewohnen eine Welt, und in dieser Welt haben wir uns an vieles gewöhnt, auch an die Sprache. Auch sie ist zumeist sehr gewöhnlich und redet über alles und nichts. Wir sprechen immer. Auch daran haben wir uns seit langem gewöhnt. Gewöhnlich wohnen wir in diesem Gewöhnlichen, das wir fraglos nutzen und benutzen.

---

[20] Der Text geht zurück auf einen Vortrag, der am 16.1.2015 auf Einladung des Instituts für Daseinsanalyse an der Universität Wien unter dem Titel „Wann werden Wörter wieder Wort?" Von der Kostbarkeit des Wortes und ihrer Quelle im Denken Martin Heideggers, gehalten wurde.
[21] M. Heidegger, Humanismusbrief, in: Wegmarken. Frankfurt 2. A. 1978, 316f.

Die gewöhnliche Sprache benutzt Wörter, bewegt sich in allgemein verständlichen Begriffen und lässt darin nicht nur das Gewöhnliche, sondern auch das Besondere gewöhnlich erscheinen. Ja, unsere Sprache ist in dieser Funktion ein wichtiges Werkzeug, um uns kommunizierend in der Welt zu orientieren und sie uns nicht allzu unheimlich erscheinen zu lassen. Wer sich jemals als Fremder in einem fremden Land aufgehalten hat, ist sehr dankbar, wenn man ihm geholfen hat, durch richtige Information die richtigen Wege zu finden. Die gewöhnliche Sprache und ihr praktischer Nutzen sind deshalb unbestritten.

Im Folgenden geht es nicht um diesen praktischen Nutzen, sondern um etwas Unscheinbares, im Benutzen von Sprache kaum Bedachtes: darum, dass unser Sprechen als Information dazu dient, Unbekanntes in Bekanntes zu transformieren, und dass dies das vorherrschende Verstehen von Sprache bestimmt. Kaum haben wir einen passenden Begriff, so ist uns die Welt nur noch halb so unheimlich, sondern wieder gewohnt. In diesem Wohnen, wo das Unheimliche verdrängt wird, werden Welt und Mitwelt zu vorhandenen Dingen. Die gewöhnliche Sprache, die Dinge in ihrem Was-Sein festmacht, vergisst jedoch ein stets gegenwärtiges, doch unhörbares Dass-Sein. Dieses ist dem gewöhnlichen Sagen entzogen, denn das Anwesen des Anwesenden ist kein gewohnter Allgemeinbegriff. Damit ist uns aber auch die Kostbarkeit des Wortes entzogen.

Gewöhnlich ist Sprache so gewöhnlich, wenn nicht gar verödet, dass wir die Wörter unserer alltäglichen Welt oft abkürzen. Wir sprechen dann davon, dass wir uns an der Uni oder der FH befinden, wir fahren mit U-Bahn oder S-Bahn, falls wir ohne Autos mobil sein wollen. Zum Glück kann man sich durch smsen schnell kommunizierend informieren und kurzschließend vernetzen. Kann es sein, „dass der jetzige planetarische Mensch für das Wort [...] keine ‚Zeit' mehr übrig hat"[22]? Denn warum verwenden wir zunehmend Abkürzungen? Ist es inzwischen nicht sogar unhöflich geworden, unsere Gesprächspartner mit den alten, archaisch anmutenden Begriffen zu konfrontieren? Wollen wir die Zeit, die das Aussprechen benötigt, einsparen? Oder wollen wir die Worte unserer Sprache nicht vernutzen, sondern schonen? Abkürzungen mögen auch die Erscheinungform einer Herrschaft durch Sprache sein, wo Insider unter sich sein wollen, wo Gruppen von Menschen sich über Sprache definieren, sich abgrenzen oder andere Menschen ausgrenzen wollen.

In den Abkürzungen manifestiert sich eine Instrumentalisierung von Sprache, und darin verfestigt sich unser Bezug zu ihr als einer technischen. Sprache ist so ein Mittel eines rechnenden Bezugs zur Welt. Dieser rechnende Bezug wird auch in einer alltäglich zu hörenden Forderung sichtbar, in unserem Reden doch endlich „auf den Punkt" zu kommen. Wenn wir, was zu sagen ist, auf den Punkt bringen, wird das Gesagte eindeutig und fixierbar, haben wir die Wege und Umwege des Nachdenkens hinter uns gebracht. Worum es geht, kann man dann, wenn Sprache auf den Punkt gebracht ist, auf einer Skala eintragen. Je eindeutiger der Punkt ist, desto besser lässt er sich berechnen. Je genauer wir zählen, desto weniger erzählen wir, gerät das Erzählen zum Mythos im Gegensatz zum Logos. Und je mehr und je effektiver wir miteinander rechnen, umso weniger zählt jeder: man rechnet mit dem Anderen, ohne dass wir ernsthaft auf ihn zählen.[23]

---

[22] M. Heidegger, Hölderlins Hymne „Andenken". GA 52, Frankfurt 1982, 11 vgl. dazu ders., Was heißt Denken? Tübingen 3. A. 1971, 58.

[23] So schreibt Heidegger in „Sein und Zeit": „Das Vorfinden einer Anzahl von ‚Subjekten' wird selbst nur dadurch möglich, daß die zunächst in ihrem Mitdasein begegnenden Anderen lediglich noch als ‚Nummern' behandelt werden. Solche Anzahl wird nur entdeckt durch ein bestimmtes Mit- und Zu-einandersein. Dieses ‚rücksichtslose' Mitsein ‚rechnet' mit

Rechnende Sprache ist uns zur gewöhnlichen geworden. In ihrer Gewöhnlichkeit hat Sprache den Schein des Nahen. Ist uns Sprache als Sprache aber in dieser Nähe nicht zugleich fern? Man könnte auch anders fragen: Ist nicht gerade Sprache in ihrem Wesen als Sprache zu nahe für uns, so dass wir sie lieber von uns fernhalten dadurch, dass wir sie zu etwas Gewöhnlichem und Instrumentellen machen wollen? Dasselbe noch einmal anders gefragt: Ist in der alltäglich erfahrenen Nähe von Sprache Sprache uns zwar in einer bestimmten Weise nahe so, dass wir mit ihr rechnen und sie benutzen können, und dennoch gleichzeitig fern, entzieht sich uns in unserem alltäglichen Sprechen Sprache in ihrem Wesen?

Dieser Entzug des Wesens, d.h. das Abwesen der Sprache als Sprache, wird etwa sichtbar, wo unserem Sprechen das Sagen fehlt. Wenn unser alltägliches Fragen ein flüchtiges ist, dem vieles fraglich ist, aber sich beharrlich dem Fragwürdigen entzieht, so scheint unser alltägliches Reden ähnlich flüchtig zu sein, das vor dem zurückschreckt, was sich uns zu sagen gibt. Ein großer Teil unserer Kulturleistungen besteht darin, das Fragwürdige und das zu-Sagende als das uns tragende Unheimliche in ein Gewöhnliches zu transformieren und uns so unser Wohnen in der Welt nicht zu stören.

Heidegger geht einen Denkweg, wo nicht das Ungewöhnliche zum Gewöhnlichen, sondern das Gewöhnliche zum Ungewöhnlichen wird. Die phänomenologische Methode dekonstruiert, d.h.: sie verrückt unsere gewohnte Vorstellung von Welt. Die Dinge in ihre Dingheit freigeben heißt, das gewohnte Sprechen über sie auf-

---

den Anderen, ohne daß es ernsthaft ,auf sie zählt' oder auch nur mit ihnen ,zu tun haben' möchte." (Sein und Zeit, Tübingen 15. A. 1979, 125).

zugeben. Es heißt auch, unseren Bezug zur Sprache freizugeben, indem wir nicht über sie sprechen, sondern in und aus ihr von ihr. Es heißt: die Fremde auszuhalten und so Ent-Fremdung zuzulassen. Zwar erfahren wir alltäglich je und je, was Sprache heißt, doch das Erfahrene dieses Erfahrens ist uns fern. Genauer: Wir vollziehen zwar stets unser Dasein als Sprechende „in" der Sprache, doch das In-Sein als solches des In-der-Sprache-seins ist uns alltäglich verschlossen. Methodisch bedeutet dies, dass wir uns auf den Weg machen müssen, das Erfahrene unserer Erfahrung eigens aufzuweisen, sich dem Durchmachen des Zuspruchs des Wortes, in dem wir stehen, nicht zu verschließen.

Wahrlich ein Strudel von Fragwürdigem, der uns auf verstreute und verzweigte Wege führen könnte. Es droht die Gefahr, Wesentliches zu überhören und bald dies, bald jenes in den Blick zu nehmen, vor lauter Reden nichts mehr zu sagen, sogar das Fragwürdige zu zerreden. Ein Hören tut Not. In manchen Texten ist Sprache in besonderer Weise präsent, etwa in einem Gedicht. Das folgende Gedicht hat Heidegger 1972 erstmals geschrieben und ursprünglich in Frankreich veröffentlicht, ein handschriftliches Exemplar hat er 1976 Professor Raimundo Panikkar geschenkt und wurde 1977 in dem Band „Erinnerung an Martin Heidegger"[24] abgedruckt:

„Wann werden Wörter
wieder Wort?
Wann weilt der Wind weisender Wende?

Wenn die Worte, ferne Spende,
sagen – nicht bedeuten durch bezeichnen –
wenn sie zeigend tragen
an den Ort

---

[24] G. Neske (Hg.), Erinnerung an Martin Heidegger, Pfullingen 1977, 177.

uralter Eignis,
– Sterbliche eignend dem Brauch –
wohin Geläut der Stille ruft,
wo Früh-Gedachtes der Be-Stimmung
sich fügsam klar entgegenstuft."

Heidegger kommentiert seinen Text in einem Begleitbrief und schreibt:

> „Der beiliegende Text ist zugleich ein Wort gegen die sich überall ausbreitende Linguistik, die das Wesen der Sprache der technologisch bestimmten Welt – dem Computer – dienstbar macht, in Wahrheit aber die Zerstörung der Sprache betreibt."[25]

Die Frage, ob dieser Text auch im literaturwissenschaftlichen Sinn ein Gedicht ist, soll hier nicht beantwortet werden. Auch die schwierige Frage eines Verhältnisses von Dichtung und Denken sei ausgespart. Es ist ein Text, der sehr dicht geschrieben ist, in dem Heideggers Zugehen zur Sprache sichtbar wird. Er besteht aus zwei Fragesätzen und einem Antwortsatz. Diese Sätze konstatieren aber keinen Sachverhalt, stellen nichts fest, sondern sind Sätze eigener Art, sie springen: sie setzen hinüber in das Ungesagte des Sagens der Sprache[26] und eröffnen mit einem Satz einen Weg.

---

[25] In: Erinnerung, a.a.O., 176.
[26] Heidegger, Denken, a.a.O., 163.

Die Fragen: Wann?

„Wann werden Wörter
wieder Wort?
Wann weilt der Wind weisender Wende?"

Heidegger fragt zwei Fragen, eingeleitet mit Wann und gibt
Antworten, eingeleitet mit Wenn. Die herkömmliche Zeitvorstel-
lung wird übergangen, kein Termin festgelegt, wann Wörter wieder Wort werden. Wann fragt nach dem Ermöglichenden.

Was fragen die beiden Fragen? Die erste fragt, wann Wörter
wieder Wort werden, die zweite Was-Frage gibt vorwegnehmend
eine Antwort: dann, wenn der Wind weisender Wende weilt. Sind
Wörter nicht das gleiche wie Worte? Doch Heidegger fragt im Sin-
gular: Wann werden Wörter wieder Wort? Obwohl es „logischer"
wäre zu fragen: Wann werden Wörter wieder Worte, fragt er nach
einem eigentümlichen Singulären, offensichtlich Einzigartigem.
Doch was ist das Fragwürdige der Frage nach dem Wort? Und:
Was sind Wörter? Was ist ein Wort?

Die Wörter einer Sprache werden von der Sprachwissenschaft
gesammelt und verwahrt in Wörterbüchern. Jedes der Wörter besteht aus einem Lautzeichen und einer Bedeutung und wird in dieser Weise festgestellt. Die Wörterbücher sammeln in einer ganz
spezifischen Weise, indem sie Wörter vor uns hinstellen. Was ver-
streut vorliegt, wird in einem strengen Gefüge zusammengestellt
und nach einer bestimmten Logik verwahrt. Das ist sehr verdienst-
voll, und der gesammelte Wortschatz kann dem Einzelnen helfen,
sich zu orientieren, vielleicht sogar einem Volk, sich zu finden.

Vielleicht kann der gesammelte Wortschatz Menschen sogar auf den Weg bringen, sich und ihr Reden neu zu sammeln.

Moderne Wörterbücher der Gegenwart sammeln Wörter in Datenbanken. Und die modernen Sprechmaschinen greifen auf diese Datenbestände zu und verlautbaren sie. Datenbanken sind die Quellen von Navigationsgeräten, die uns und unseren Autos den Weg weisen, von Sprechmaschinen, die uns informieren, von in Kuscheltieren integrierten Sprachrobotern, wie sie manchen Pflegeheimen verwendet werden, um einsamen Menschen Mut zuzusprechen und ein Gefühl des Miteinanderseins zu wecken.

Die technischen Dinge sind zufrieden, wenn ihre Datenbanken mit Wörtern prall gefüllt sind. Ihnen fehlt das Wort nicht, sie erfahren sich nicht als wort- und sprachlos. Unseren Fragen liefern sie Antworten, ohne dass diese Maschinen sich selbst zur Frage werden. Vielleicht geht es uns Menschen allmählich ähnlich, vielleicht fehlt uns auch nichts? Vielleicht aber benützen wir unsere Datenbestände und machen dennoch die überraschende Erfahrung, dass unser Sprechen eigentümlich leer ist.

Und diese Erfahrung einer Leere kann sich in ein eigentümliches Fragen verwandeln: Versammelt die technologisch-informierende Sprache in ihren Wörtern noch das Ganze und den Grund unseres Daseins? Spricht diese Sprache noch aus einem zu-Sagenden? Zeigen die Sprechmaschinen vielleicht aus sich selbst nur auf sich selbst? Ist aber eine Sprache, die eindimensional nur auf sich selber zeigt, repressiv, wie etwa Herbert Marcuse[27] schon vor Jahrzehnten gesehen hat? Oder wächst gar eine Wüste, die den

---

[27] Vgl. H. Marcuse, Der eindimensionale Mensch. Studien zur Ideologie der fortgeschrittenen Industriegesellschaft, Darmstadt 16. A. 1981.

Quellgrund unseres Sprechens verschüttet? Wann werden Wörter wieder Wort? Wann weilt der Wind weisender Wende?

„[...] das Wort, wodurch die Wörter zum Wort kommen, vermag ein Wörterbuch weder zu fassen noch zu bergen"[28], so Heidegger. Das Wort – wir haben bisher nur andeutend bemerkt, dass es durch eine besondere Singularität ausgezeichnet ist. Können wir in der Flut aus Wörtern das Worthafte erfahren? Vielleicht. Vielleicht liegt in der Erfahrung, dass unser Sprechen eigentümlich wüst und leer ist, die Möglichkeit einer Wende. Zwar bewirkt die Erfahrung der Verwüstung des Wesens der Sprache unmittelbar nichts. Aber sie lässt die lange Weile langweilig werden. Sie lässt menschliche Begegnung zu einem bloßen Zusammentreffen werden. Sie lässt Arbeit zum Unfug werden, „der, für sich betrieben, allein das Nichtige fördert"[29]. Sie lässt unser Wohnen obdachlos werden. Sie lässt uns in die Tiefe graben, ohne unsere Wurzeln zu finden. Sie lässt uns die höchsten Gipfel erklimmen, ohne das Hohe zu erfahren. Sie lässt uns unser Tun beschleunigen, ohne den Dingen zu begegnen. Sie lässt uns Zeit einsparen, ohne ihr gewährendes „Es gibt" zu empfangen. Sie lässt uns Sprache benutzen, ohne etwas zu sagen. Verwüstung lässt Quellen versiegen.

Und doch mag manchmal Eigentümliches geschehen: manchmal fehlen uns Worte. Wenn die Eindeutigkeit des Begriffs zerbricht, wenn das Fassende sich ins Fassungslose verliert, wenn Zeichen nichts mehr zeigen, dann versagt nicht nur die Sprache, sondern es versagt sich die Sprache. Sprache als Sage versagt sich, d.h. entzieht sich dem Sprechen. Der Sprache wird das Wort entzogen. Entzug ist eine äußerste Weise des Bezugs. Dies meint: es fehlt etwas, es geht uns ab. Die Sage der Sprache ist abwesend, aber dieses

---

[28] M. Heidegger, Unterwegs zur Sprache, Pfullingen 1979, 192.
[29] M. Heidegger, Der Feldweg, Frankfurt 6. A., 1978, 5.

Abwesend-sein ist nicht nichts. Es geht uns an. Es betrifft uns. Und vielleicht wandelt es uns und lässt uns mit sich eine Erfahrung machen. In „Unterwergs zur Sprache" schreibt Heidegger:

> „Wo aber kommt die Sprache selbst als Sprache zum Wort? Seltsamerweise dort, wo wir für etwas, was uns angeht, uns an sich reißt, bedrängt oder befeuert, das rechte Wort nicht finden. Wir [...]. machen dabei, ohne es recht zu bedenken, Augenblicke durch, in denen uns die Sprache selbst mit ihrem Wesen fernher und flüchtig gestreift hat."[30]

Verweilen wir noch in dieser uns Menschen betreffenden Erfahrung des Fehlens. Machen wir einen kleinen Umweg: Gerd Haeffner schreibt in seinem Buch „In der Gegenwart leben", über das "Urphänomen" Gegenwart: „Gegenwart kann so unerträglich sein, daß wir uns dadurch vor einer Verletzung schützen, daß wir ihr zu starkes Licht zu brechen versuchen, z.B. durch eine Vermittlung durch die beiden anderen Zeitmodi."[31] Wo wir einem starken Licht ausgesetzt sind sehen wir, weil zu viel Licht ist, nichts. Zwar sehen wir alles im Licht, weshalb man dies auch als ein Gelichtetes bezeichnen könnte, und im Licht ist es uns gegenwärtig, doch Licht selbst, das uns in allem Sehen von Gelichtetem mitgegenwärtig ist, kann die Kraft haben, selbst nicht mehr gesehen zu werden.

Kehren wir von hier zurück zu unserer Erfahrung mit Sprache. Wie steht es mit der Erfahrung des Wortes? Ist auch sie zu viel für uns? Wir vernehmen Wort und Wörter „in" der Sprache. Doch die Sprache selbst, d.h. ihr Sagen kann für uns zu viel sein. Die alltägli-

---

[30] Heidegger, Unterwegs, a.a.O., 161.
[31] G. Haeffner In der Gegenwart leben. Auf der Spur eines Urphänomens, Stuttgart 1996, 147.

che, in ihrem Erfragten gerne überhörte Frage „Wie geht es Dir?"
mag ein Beispiel dafür sein, dass wir alltäglich stets auf der Flucht
vor der Tiefe der eigenen Frage sind. Denn in dieser Frage geht es
um die Fülle, aber auch um die Abgründigkeit unseres Daseins.
Und es wäre sehr unhöflich, jemandem, der uns diese Frage stellt,
diese auch zu beantworten: Das Ganze und der Grund unseres
Daseins, die hier zur Sprache kämen, könnte uns als Sprechende
und Hörende verunsichern und uns den gewohnten Grund unseres Existierens abgründig werden lassen. Das Erfragte ist über-
mächtig, zu viel für unser gewöhnliches Sprechen, Denken und
Miteinandersein. So wie diese Frage die gewohnte Weise des In-
der-Welt-seins stört, könnte sie aber auch den Beginn eines anderen In-der-Welt-seins eröffnen. Vielleicht könnte diese Frage im
Kontext eines für-sorgenden Miteinander-Seins eine ähnliche Tiefe
menschlichen Existierens freilegen wie die Dichtung.

Auch in den Augenblicken eines gelungenen Gesprächs in unserem Alltag ist das Sagen der Sprache oft zu viel für uns. Wer die
Erfahrung macht, dass ein Gespräch glückt und den Zuspruch eines Wortes vernimmt, das ihn trifft und betrifft, der hört keine In-
fos mehr. Er hat nichts, sondern steht in einer Beziehung, wie Martin Buber formuliert[32]. Je lebendiger das Wort, desto weniger ist die
Quelle des Wortes das Wörterbuch. Aus welcher Quelle quillt die
Lebendigkeit der Sprache? Worin besteht die Kostbarkeit des Wortes, die sich jeder bewertenden Wertschätzung entzieht und die wir
nicht herstellen, aber empfangen können?

Wer sind wir selbst als die, die dann, wenn sie sprechen, aus einer Quelle sprechen, der wir uns verdanken? Die dann nicht ein-

---

[32] M. Buber, Ich und Du, Heidelberg 11. A. 1983, 10f.: „Wer Du spricht, hat
kein Etwas, hat nichts. Aber er steht in der Beziehung."

fach Sprachzeichen benutzen, sondern in ein Zeigen eingelassen sind?

Wenn Worte sagen

„Wenn die Worte, ferne Spende,
sagen – nicht bedeuten durch bezeichnen – „

„Worte" steht hier wieder im Plural. Worte, die sagen, sind vom Wort getragen. Was tun Worte? Sie sagen. Heidegger grenzt das Sagen des Wortes ab von seinem Bedeuten und Bezeichnen.

Zwar können wir uns Sprache vorstellen als ein System von Zeichen, die etwas bedeuten. Damit stellen wir sie uns implizit vor als etwas vorhanden Vorliegendes und deuten sie perspektivisch „als" etwas. Auf dieser Grundlage entfaltet sich die keineswegs falsche „gängige Meinung" von der Sprache erstens als Verlautbarung bzw. als lautliches Ausdrücken, zweitens als Betätigung von Sprachwerkzeugen und drittens als Mitteilung von Wirklichkeiten.

Sehen wir diese drei Momente des Verstehens von Sprache nun genauer an. Erstens: Die Vorstellung von Sprache als ein Sich-Ausdrücken im Sinne eines nach außen gekehrten Inneren setzt die bereits Konzeption eines „Ich" voraus, mithin die Abstraktion von unserem Dasein in der Welt. Ein von der Welt und dem Mitdasein Anderer abstrahiertes, losgelöstes Ich ist eine Konstruktion, die nur unter „Laborbedingungen" möglich ist, aber nicht unserer ursprünglichen Erfahrung entstammt. Wenn wir einander etwa so begegnen, dass wir uns „aussprechen", so ist dieses Sichausspre-chen gerade kein „Ausdrücken" eines „Inneren", sondern Eröffnung eines Daseinsraumes, Erschließung und Gewährung von Zukunft, Aufschließung von Welt und so Ermöglichung eines gemeinsamen In-der-Welt-seins.

Zweitens: Sprache, verstanden als eine Tätigkeit des Menschen, ein Instrument zur Verständigung mit seiner Umwelt, setzt schon voraus, dass wir Wesen sind, die vielleicht kommunikative Bedürfnisse haben, aber im Grunde sprachlos sind. Hier wird Sprache erst „nachträglich" zu unserem Menschsein additiv hinzugedacht. Dagegen ist aber zu fragen, ob wir nicht so sehr „in" der Sprache sind, dass wir erst durch dieses In-sein überhaupt Menschen sind, in unserer weltoffenen Bezüglichkeit konstituiert werden.

Drittens: Sprache, verstanden als ein Vorstellen und Darstellen von etwas Wirklichem beziehungsweise Unwirklichem setzt wiederum voraus, dass in dieser Vorstellung Welt von vornherein als etwas Außersprachliches bestimmt werden muß. Aber: Gibt es für uns Menschen überhaupt schlechthin Außersprachliches, oder ist nicht alles, was sich von uns benennen läßt, in Sprache gegeben?

Eine Vorstellung von Sprache, die sich an der artikulierten, verlautlichten Rede orientiert, abstrahiert vom Ereignis des Sprechens, d.h. vom lebendigen Geschehen. Machen wir uns nichts vor, d.h. denken wir konkret, dann können wir gar nicht „über" die Sprache sprechen, ohne in ihr zu sprechen. Denn wir hören - solange wir in einem Gespräch wirklich bei der Sache, dem Besprochenen, sind - keine Schallwellen, sondern Worte - und zum Beispiel im Falle einer unbekannten Sprache auch unverständliche Worte[33], und nicht nur Geräusche. Daraus folgt, dass das Ganze der Sprachgestalt immer schon mehr und anderes ist als etwa durch die Vorstellung

---

[33] Vgl. Heidegger, Denken, a.a.O., 88f.

einer Sprechblase dargestellt werden kann. Sprache als Gespräch ist bestimmt aus dem Ganzen von hörendem Schweigen und Rede, ist die Weise, wie wir unser gemeinsames In-der-Welt-sein verstehen, benennen und mitteilen.

Nehmen wir den methodischen Ausgangsort unseres Nachdenkens von einem gelungenen und geglückten Gespräch, dann sehen wir Sprache in einem eigentümlichen Überstieg: Unsere Worte können wir uns zwar so vorstellen, dass sie be-deuten und bezeichnen, aber dies, was wir an ihr beobachten und wissenschaftlich erforschen können, können sie nur tun, wenn sie uns etwas sagen.

Nicht nur Heidegger spricht von der „fernen Spende": Auch in unserem Alltag sprechen wir von Wortspenden und ahnen wohl nur selten die Tiefendimension dieses unseres Sprechens. Jenes Spenden, wo Geld gegen gute Gefühle getauscht wird, ist uns vertraut, doch dieses Tauschgeschäft hat einen anderen Horizont als die ferne Spende, als die uns das Wort gereicht ist. Wenn diese Spende überhaupt durch einen Vergleich verstehbar ist, dann mit dem Spenden von Trost oder Segen. Denn da spenden wir keinen Gegenstand, sondern etwas, was wir weder hergestellt haben noch besitzen. Das Wort im Gespräch wird weder von mir noch von dir hergestellt, es ist kein Objekt. Das Wort für das Wort ist uns entzogen, aber in seiner Unsagbarkeit gibt es frei.

Dem entspricht die Erfahrung, dass, je besser ein Gespräch gelingt, es desto weniger ein Produkt ist, auch nicht das einer Gesprächstechnik. Die beste Gesprächsführung ist die, die sich von jenem Wort führen, d.h. bewegen lässt, dem sich das Gespräch verdankt. Im Hören als Sich-einlassen in das Bewegende des Wortes dürfen wir dieses als eine Spende, als ein Geschenk erfahren.

Das sagende Wort erhellt. In seiner Helle erfahren wir uns als die, denen es gegeben ist, zu sprechen. Dass wir sind und wer wir sind ist uns eröffnet in Sprache.

Wenn Worte zeigend tragen

> „wenn sie zeigend tragen
> an den Ort
> uralter Eignis,
> - Sterbliche eignend dem Brauch."

Wenn Worte sagen hieß es zuvor. Nun aber: wenn sie zeigend tragen an den Ort uralter Eignis. Ihr Zeigen ist keine Zusatzleistung zum Sagen, sondern es ist das Wort in seinem Vollzug, wo es nichts tut außer dies, Wort zu sein. Das Wort bringt ans Licht, stellt ins Unverborgene, lässt, was es zeigt, anwesen. Dieses Anwesenlassen lässt das Anwesende es selbst sein. Das Selbst-sein-lassen kann man das Eignen des Wortes nennen. Es nennt das Anwesende in seinem „ist"-Sagen. Gerade so aber zeigt das Wort, indem es benennt und ins Anwesen ruft, auch wieder weg vom Anwesenden. Es gibt frei und in diesem Geben entzieht es sich als Wort. Durch seinen Entzug ist das Gegebene sich gegeben. Aber dieser Entzug ist nicht ein bloßes Nichtvorhandensein des Wortes, sondern es ist ein gewährender Bezug. Der Bezug ist wie eine Quelle, die nur so, dass sie quillt und in dieser Weise sich verschenkt und freigibt, überhaupt Quelle ist. Eine Quelle, die an sich festhielte, hörte auf zu quellen.

Das Anwesen des Anwesenden ist nicht sichtbar. Das „Ist", das ins Anwesen ruft, ist nicht hörbar. Das Sich-zu-eigen-sein, d.h. das

Sich-gegeben-sein ins Eigene steht nicht in einer Beziehung zu einer gebenden Ursache. Das Sagen, d.h. Zeigen des Wortes ist in keinem Wörterbuch auffindbar. Deshalb braucht das Wort die Sterblichen, die in ihrem verlautenden Sagen und nennenden Heißen Seiendes als Seiendes, d.h. in seinem Sein zur Sprache bringen. In dem Maß, als wir uns dem Brauch des Wortes fügen, verwenden wir keine Zeichensysteme, sondern werden selbst zu Zeigenden.

Wohin Stille ruft

„wohin Geläut der Stille ruft,
wo Früh-Gedachtes der Be-Stimmung
sich fügsam klar entgegenstuft."

Wandern wir durch unsere urbane Welt, so bemerken wir: Licht- und Lärmverschmutzung sind omnipräsent. Warum erhellen wir in unserer modernen Gesellschaft die Nacht? Warum beschallen wir Menschen rund um die Uhr? Es mag dafür viele gesellschaftliche und ökonomische Gründe geben. Ist es vielleicht auch eine Antwort auf die Angst vor dem Dunkel und die Angst vor der Stille? Und ist es Zufall, dass wir dem Entzug von Licht und dem Entzug von Sprache, d.h. dass wir der Verlassenheit von Sein technisch begegnen wollen?

Wie erfahren wir Stille? Viele von uns sind Tag und Nacht dem Tosen des Verkehrslärms oder dem Lärm von Baustellen ausgesetzt. Plötzlich kehrt Ruhe ein. Was ist uns lärmgewohnten Menschen Stille? Erst einmal eine negative Erscheinung: Wir machen die Erfahrung, dass etwas fehlt. Die Abwesenheit von Lärm ist für uns dann vielleicht wohltuend, vielleicht aber auch beunruhigend, oder sogar beklemmend. Irgendetwas stimmt nicht, wenn plötzlich

Stille herrscht. Was wäre, wenn mir mein Manuskript abhanden käme und ich plötzlich auf das angewiesen wäre, was ich zu sagen habe? Stille. Was wäre, würde ich in einem Vortrag plötzlich verstummen oder schweigen, um hörend nachzudenkend?

Stille ist ein positives Phänomen, ist nicht schlechthin nichts: Die Stille hören ist etwas anderes als nicht hören: wir <u>hören</u> nichts. Stille betrifft uns und lässt uns mit sich eine Erfahrung machen. Offenbar sind wir in der Stille uns selbst anders gegeben als im Getriebe. Weitet sich die Stille, so werden auch wir selbst weit und hören in eine Ferne. Nicht nur werden Dinge hörbar, die uns zuvor verschlossen waren, weil wir sie überhört und deshalb wohl auch übersehen haben, auch wir selbst sind für uns selbst und für andere anders da.

Stellen wir uns die Stille nur als das Lautlose vor, so sagen wir Richtiges über sie und haben unversehens das Unbekannte ins Bekannte, das Unheimliche ins Gewöhnliche verwandelt. Vor allem aber haben wir übersprungen, was sie als Stille ist: still. Stille tut nichts, und doch: Als würden wir in einen Spiegel sehen, durchwaltet ein eigentümliches Anwesen alles Anwesende. Stille lässt Anwesendes anwesend sein, ruft es in seine Gegenwart. Im Anwesen des Anwesenden waltet, was wir als „ist" kennen und zumeist überhören. Die Stille selbst tut nichts, i.S. des Bewirkens, sie ist keine Ursache, ja von ihr kann man in einem verobjektivierenden Sinn nicht einmal sagen, dass sie vorhanden ist. Sie ist eher ein Nichts als ein Etwas. Gerade so aber wird Stille zu einer Quelle, die in ihrem versammelnden Rufen, d.h. Läuten, frei gibt. Die Stille stillt lautlos als das Geläut der Stille. Und dennoch strömt aus ihr ein lautloses „Ist": sie lässt, was ist, erscheinen. Die Stille stillt so unscheinbar wie die Zeit zeitigt.

Zu dieser Erfahrung gehört, dass sie unausschöpflich ist: Sie gibt uns je neu in einen Bezug zu den Dingen und zur Welt frei. Sie „ist" nur in diesem Geben als Quelle die Quelle der Kostbarkeit dessen, dass es Sein gibt. Können wir von der Sprache der Stille überhaupt noch sprechen? Sollten wir nicht eher schweigen? Aber „können" wir so einfachhin schweigen?

Gegenwärtig sein oder:
Von der Übung der Sammlung[34]

Vorbemerkungen

„Gegenwärtig sein": der Titel dieses Referates ist so unauffällig, dass er sich im Kontext der uns überall bedrängenden Schlagzeilen und Veranstaltungshinweise kaum Gehör zu verschaffen vermag und unserer modernen Konditionierung, Gehörtes bzw. Halbgehörtes auf Schlagworte und Reizworte hin zu scannen und auf seine Aktualität hin zu bewerten, entgleitet. Titel und Untertitel enthalten folgende Begriffe:

Gegenwart: Ein alltäglicher Begriff, täglich unzählige Male gebraucht, verspricht er keine aufregenden Erkenntnisse.

Übung: Ein aus unserer vergangenen Schulzeit bis in unsere Gegenwart hinein belasteter Begriff, der an Zwang erinnert und uns unser Unvermögen und Nichtwissen vor Augen hält.

Sammlung: Ein Begriff, der in seiner Antiquiertheit die Welt der Briefmarkensammler, bestenfalls die bäuerliche Welt unserer Vorfahren wiedererstehen lässt.

Wer im Kontext des aktuellen Vorverständnisses dieser Begriffe das Gesagte des Titels als uns in-Anspruch-Nehmendes vernehmen will, muss die herrschende Konditionierung verlassen und

---

[34] Der Grundgedanke des Textes geht zurück auf einen Vortrag, der am 2. 12. 2011 auf Einladung des Instituts für Daseinsanalyse an der Universität Wien unter dem Titel „Gegenwärtig werden. Die Übung der Sammlung unter Berücksichtigung des Mitseins in sozialen Berufsfeldern", gehalten wurde. Zur Einbettung dieses Gedankens in eine Berufsethik helfender Berufe vgl. Johannes Vorlaufer, Gegenwärtig sein. Die Übung der Sammlung als Fundament helfender Berufe, in: Soziale Arbeit 12 (2012) 446-453.

sich auf das einlassen, was die einzelnen Worte in ihrer Zusammenfügung sagen. Die zu einem Titel zusammengefügten Worte sprechen von unserem Wesen, von unserem uns gewährten Vermögen, präsent zu sein und im Licht der Gegenwart gegenwärtig zu sein, zu existieren. Formulieren wir genauer: der Mensch existiert nicht nur im Licht der Gegenwart, sondern er ek-sistiert, wie Heidegger formuliert. Nicht nur ist ihm im Licht der Gegenwart Gegenwärtiges präsent, sondern auch die Gegenwart des Gegenwärtigen. Er erfährt die Dinge nicht nur gelichtet im Licht, sondern das Licht selbst ist uns mit-gegenwärtig.

Ich möchte dieser Fügsamkeit des Titels nachgehen. Beabsichtigt ist weder eine Theorie noch eine andere metareflexive Konstruktion, die aus verobjektivierender Perspektive über Gegenwart, über Sammlung oder über Übung spricht: kein fassender Begriff, sondern nur einige kleine Schritte auf einem Weg des Nachdenkens zu gehen.

1. Gegenwärtig sein oder: Identität und Differenz im Werden

Beim Thema „gegenwärtig sein" geht es offensichtlich um uns: um uns selbst. Nur wir selbst stehen in der unausweichlichen Möglichkeit und Notwendigkeit, selber zu sein. Die Möglichkeit des Selbstseins ist uns aufgegeben, d.h.: wir sind uns selbst gegeben so, dass in unserer Identität eine Differenz waltet. Genauer gesagt: vielleicht ist es gerade die Differenz, die uns zutiefst bestimmt so, dass erst durch sie unsere eigentümliche Identität gewährt wird.

Haben wir mit diesem begrifflichen Zugang schon zu viel begriffen? Gehen wir einen Schritt zurück. Wir alle wissen: wir sind nicht vorhanden wie ein Stein oder zuhanden wie ein Werkzeug.

Wir sind wie alle anderen Seienden auch, wir partizipieren in gewisser Weise daran, dass Seiendem überhaupt Sein gegeben ist. Doch: gerade die Weise, wie uns dieses unser Sein gegeben ist, ist höchst frag- und denkwürdig. Wir sind uns selbst zumindest so gegeben, dass uns dieses Gegeben-sein, wie wir alltäglich sagen, „bewusst" werden kann: dass es z.B. fraglich werden kann oder aber, dass es zu einer Last werden kann. Es kann sein, dass wir unser Sich-selbst-gegeben-sein bejahen können, vielleicht sogar in der Gestimmtheit und Haltung des Dankes. Oder aber, dass uns diese Differenz zur Last wird, dass uns Verzweiflung bestimmt, weil die Möglichkeit selber zu sein uns überfordert, unmöglich zu sein scheint. Die Differenz ist eine, die uns frei gibt und in diesem Sinne die Freiheit menschlichen Daseins noch vor aller Willensfreiheit konstituiert.

Sind wir also von einer Differenz bestimmt, so kann es sein, dass wir auf Anhieb nicht wissen, ob der Titel des Referates besser lauten sollte „gegenwärtig *sein*" oder „gegenwärtig *werden*". Denn die hier angesprochene Differenz von Sein und Werden spricht von der uns bestimmenden Möglichkeit, die zu werden, die wir sind. In dem, was wir sind, waltet daher eine Bewegung des Werdens. Wie aber können wir die werden, die wir sind? Dann müssten wir uns ja in einer gewissen Weise loslassen, ja vielleicht sogar in diese Bewegung verlieren? Die Differenz im Sich-gegeben-sein wird zu einer Differenz der Selbstbewegung. Im Untertitel wird diese Bewegung mit einem alten Wort benannt, das wir seit Kindertagen kennen und das uns vielleicht dennoch nicht vertraut ist: Übung.

Was sollen wir genau üben? Gerd Haeffner hat in seinem Buch „In der Gegenwart leben" gezeigt, nicht nur, dass Gegenwärtigwerden in der Geschichte der europäischen Tradition ein wesentliches philosophisches Anliegen ist, sondern dass es hier um ein „Urphänomen" geht. Als nicht mehr auf etwas anderes rückführbares Phänomen, so zeigt Haeffner, ermöglicht Gegenwart allem sein Gegenwärtig-sein für-uns. Gerade deshalb fragt Haeffner, ob Gegenwart vielleicht zu stark für uns ist und schreibt: „Gegenwart kann so unerträglich sein, daß wir uns dadurch vor einer Verletzung schützen, daß wir ihr zu starkes Licht zu brechen versuchen, z.B. durch eine Vermittlung durch die beiden anderen Zeitmodi."[35] In der Metapher des Lichts verdeutlicht Haeffner unsere Fragestellung: wir kennen die Erfahrung, einem so starken Licht ausgesetzt zu sein, dass wir, weil zu viel Licht ist, nichts sehen. Zwar sehen wir alles im Licht, weshalb man dies auch als ein Gelichtetes bezeichnen könnte, und im Licht ist es uns gegenwärtig, doch Licht selbst, das uns in allem Sehen von Gelichtetem mitgegenwärtig ist, kann durchaus die Kraft haben, selbst nicht mehr gesehen zu werden. Die Gegenwart als jenes, was alles Gegenwärtige gegenwärtig sein lässt, ist zwar immer mit-gegenwärtig, doch die Gegenwart der Gegenwart selbst zu vernehmen ist ähnlich dem starken Licht.

2. Übung I oder: etwas üben

Der Untertitel spricht von einer Übung. Ein alltägliches Wort, das wir gewohnt sind, uns technologisch vorzustellen: Zuerst muss man üben, damit man dann etwas kann, worin wir Meister sind. Wer fleißig übt, beherrscht dann am Ende Dinge und Aufgaben des Alltags, z.B. kann man dann Auto fahren, Häuser bauen, wissenschaftliche Texte schreiben, Vorträge halten etc. Üben in diesem Sinne ist eine Vorstufe eines Könnens. Eines Tages braucht es dieses Üben nicht mehr, denn wir funktionieren ja bereits perfekt. Durch das Üben also sind wir in der Lage etwas zu tun, als Geübte dürfen wir den Zwang weitergeben und als Könnende die Welt – wie klein oder groß sie auch immer sein mag – beherrschen.

---

[35] G. Haeffner, In der Gegenwart leben. Auf der Spur eines Urphänomens, Stuttgart 1996, 147.

Ist nun die Differenz von gegenwärtig-sein und gegenwärtig-werden eine technische, die durch Üben überwunden werden kann? Reicht dieses Vor-Verständnis von Üben auch, die Übung der Sammlung, d.h. die Einübung in die Gegenwart zu verstehen? Sodass die Differenz letztlich auch überwunden würde? Oder gibt es im wesentlichen Bereich ein Üben, das uns erst in ein Üben gelangen und darin übend verweilen lässt? Sollten wir vielleicht besser sagen: gibt es ein Üben, das uns verweilend üben lässt? Bedarf es hier eines Könnens, um das Üben zu üben? Und waltet im Üben nicht selbst eine eigentümliche Differenz, die ich vorwegnehmend als Nicht-Üben bezeichnen möchte? Die sich hier anbahnenden Fragen müssen sich gedulden, gehen wir wieder einen Schritt zurück.

Wenn das Gegenwärtig-sein so sehr unser Wesen bestimmt, warum überhaupt die Betonung des Übens? Weil die Differenz nicht nur eine existenziale ist, sondern auch eine epochale und Kulturen übergreifende. Und weil es sein könnte, dass in der individuellen und geschichtlichen Bewegung menschlichen Daseins gar manches von dem wieder vergessen wird oder in Verborgenheit gerät, was uns Menschen wesentlich ist. Der buddhistische Gelehrte Henepola Gunaratana schreibt in seiner Einführung in die Vipassana-Meditation, in der es darum geht, in geduldigen Übungen die ganze Aufmerksamkeit seinem Atem zu schenken:

„An irgendeiner Stelle während dieses Prozesses werden sie mit der plötzlichen und schockierenden Erkenntnis konfrontiert werden, dass Sie völlig verrückt sind. Ihr Geist ist ein kreischendes und schnatterndes Irrenhaus auf Rädern, das in heillosem Durcheinander den Hügel hinunterbraust, gänzlich außer Kontrolle und hoffnungslos. Kein Problem. Sie sind nicht verrückter, als Sie es gestern waren. Es ist immer so gewesen, und Sie haben es einfach nie bemerkt."[36]

Diese Erfahrung vermag jeder, unabhängig von der gewählten Meditationsform, zu machen. Üben heißt hier *etwas* üben. Doch dieses Üben ist in seiner Einfachheit schwierig und nur eine buddhistische Geduld mit uns selbst lässt uns den Mangel des Könnens ertragen, das bedrückende Nicht des Nicht-Könnens selbst bejahend loslassen.

Solche Übungen und das Nachdenken über sie werden uns schnell langweilig. Es überkommt uns unversehens die Stimmung der langen Weile, denn hier scheint sich alles im Kreise zu drehen, ein Fortschritt der Erkenntnis, Neues, ist nicht in Sicht. Auf der Flucht vor der langen Weile können wir uns etwa eine aufregendere Vergangenheit vergegenwärtigen oder tagträumend die Zukunft vorwegnehmen und in diesen unterschiedlichen Möglichkeiten des Vergegenwärtigens uns in das Angenehme des Sich-Zerstreuens loslassen.

3. Von der Zerstreuung oder: das Angenehme im alltäglichen Existieren

Gerade dies sind wir seit Jahrhunderten gewohnt: Zumindest seitdem die menschliche Epoche sich vom je Neuen her als Neuzeit definiert, hat die Erfahrung des Neuen einen entscheidenden Stellenwert bekommen. Das Neue, das vom Allerneuesten stets überholt und bewertet wird, diese Dynamik eines eigentümlichen Wer-

---

[36] H. Gunaratana, Die Praxis der Achtsamkeit. Einführung in die Vipassana-Meditation, Heidelberg 1996, 85.

dens, das einerseits unendlich linear zu verlaufen scheint, anderseits, wie Adorno und Horkheimer in der „Dialektik der Aufklärung" gezeigt haben, in sich zugleich zirkulär ist, also eine Art ewiger Wiederkehr des Gleichen, deren Bewegung sich stets beschleunigt, dieses Neue bestimmt uns in unserer Erfahrung von Zeit und Geschichte. Diese uns epochal bestimmende Erfahrung drängt uns, sich selbst stets vorweg zu sein beim Nächsten und Übernächsten und bewegt uns, unser Gegenwärtig-sein als selbstverständliche Voraus-Setzung dieser Dynamik zu überspringen. Wir sind deshalb, wie wir auch alltagssprachlich sagen, ständig „auf dem Sprung".

In beeindruckenden Analysen hat Georg Simmel vor rund 100 Jahren dies an Alltagsprozessen beobachtet, z.B. hat er sich der Mode philosophisch genähert. Urbanes Leben, dem sein primäres Interesse gilt, ist ihm von einer Zeitdynamik bestimmt, die nicht ohne Konsequenz für unser Miteinandersein ist: Innerhalb des kapitalvermehrenden geschäftigen Getriebes, so schreibt er, „[...] wirkt ein unscheinbares, aber seine Wirkungen doch wohl merkbar summierendes Moment: die Kürze und Seltenheit der Begegnungen, die jedem Einzelnen mit dem anderen – [...] – gegönnt sind."[37] Begegnung lese ich hier als Chiffre für eine besondere Weise, gegenwärtig sein.

Es ist also weniger ein Prozess der theoretischen Neugierde, sondern ein praktisches Bedürfnis, das unseren neuzeitlichen Alltag bestimmt, unsere alltägliche Weise, selber zu sein. Eine unseren Alltag tragende Grundstruktur sagt uns, wie wir zu sein haben. Genauerhin sagt sie natürlich nur, wie man zu sein hat. Neugier sei hier weder in Hinblick auf eine ethisch-moralische Dimension (wie

---

[37] G. Simmel, Großstädte und das Geistesleben [1903], in: ders., Das Individuum und die Freiheit. Essais, Berlin 1984, 202.

sie sich etwa in den überlieferten Tugend- und Lasterlehren etwa des Mittelalters manifestiert), noch in Hinblick auf seine Krankheitsdimension bedacht (etwa die Gier als eine Form von unfreier Sucht), sondern nur in Hinblick auf die zeitliche Dimension: das Neue als qualitatives Moment, das uns qua Neuheit ins Auge springt. In der Schaufensterqualität der Dinge, dem, dass seit dem Ende des 19. Jahrhunderts in den Städten die Waren in Schaufenster gestellt und beleuchtet werden, und der Erweiterung dieser Illumination in Richtung einer 24-Stunden-Beleuchtung wird das Bedrängende bzw. Marktschreierische der Waren auch in ihrer zeitlichen Dimension manifest. Wir können heute diese passive Formulierung auch in eine aktive wenden und sagen: wir lassen uns bedrängen. In den Shopping–Citys der Gegenwart wird dies noch einmal gesteigert dadurch, dass diese Bedrängnis – inzwischen auch über Geruchsapplikationen verstärkt und so auf den neuesten technischen Stand gebracht - mit Glücksgefühlen verbunden wird, die Konditionierung des Menschen als eines sich-glücklich-Fühlenden eng daran gekoppelt wird, dass er dies Fremde, das ihn hier angeht als etwas versteht, das er haben will, er also die Bedrängnis nicht als solche begreift, begreifen soll und begreifen will. Das Haben von Glücksgefühlen und das Haben der angepriesenen Dinge in eine enge Beziehung zu setzen bedeutet nun, dass wir ganz entspannt die Last unseres Selbstseins loslassen können, dass wir in alle Richtungen hin Interessen, Bedürfnisse, Reize auskosten dürfen und in dieser angenehmen Zerstreuung Erholung suchen und vielleicht sogar finden. Es ist allerdings eine Erholung, die, vergleichbar dem Amüsement, uns erst recht an das Bedrängende bindet. Deshalb heißt es in der „Dialektik der Aufklärung":

„Vergnügen heißt allemal: nicht daran denken müssen, das Leiden vergessen, noch wo es gezeigt wird. Ohnmacht liegt ihm zu Grunde. Es ist in der Tat Flucht, aber nicht, wie es behauptet, Flucht vor der schlechten Realität, sondern vor dem letzten Gedanken an Widerstand, den jene noch übriggelassen hat. Die Befreiung, die Amusement verspricht, ist die von Denken als von Negation."[38]

Was ist so angenehm an dieser Zerstreuung? Wir sind überall und nirgends und wir tun das, was alle tun, was man tut, sind also nicht allein, einsam. Wenn wir uns dem unterwerfen, was man tut, denkt, fühlt etc., erlangen wir eine eigentümliche Identität – nämlich eine ohne Differenz. Die Last der eingangs angesprochenen Situation des Menschen als eines in Differenz und Identität Existierenden scheint überwunden zu sein: zerstreut bin ich ein Moment eines Ganzen als des je immer Größeren. Ich muss mich nicht mehr selbst mit meinem Mich-mir-gegeben-sein auseinandersetzen, kann die Gabe und Aufgabe meiner Existenz überspringen.

Zerstreut-sein bzw. die Neugier als eine Weise des Sich-zerstreuens entlastet uns also. Eine Entlastung, die sich auf vielen Ebenen unseres alltäglichen Lebens wiederholt: z.B. findet sich diese Entlastung in der alltäglichen Differenz von Hören und Gehorsam-sein. Wer gehorsam ist, braucht nicht mehr selbst zu hören, sondern bestenfalls auf einen Befehl zu horchen, sich nach ihm zu richten. Oder ein anderes Beispiel für eine angenehmen Entlastung: wer sich Bekenntnissen verschreibt, braucht sich diesen nur unterzuordnen und muss sich nicht selber auf einen erfahrenden Weg begeben, den Weg der Erfahrung i.S. eines genitivus subjectivus und eines genitivus objectivus. Man braucht dann Denkwege nur noch zu benützen, ohne sich selbst bewegen zu lassen. Es ist nicht ausgeschlossen, dass dies auch dort geschieht, wo man es am wenigsten erwartet, im Bereich des Philosophie-Betriebs etwa. Ist man Anhänger bzw. Anhängsel einer Denk-Schule, so muss man primär darauf achten, richtig zu denken und erst in zweiter Linie sich von

---

[38] Th. W. Adorno, Dialektik der Aufklärung. GS 3, Frankfurt 1981. 167.

der Sache des Denkens in Anspruch nehmen lassen. Existenzial interpretiert besagen diese Beispiele: man muss nur noch in intentionalen Verhältnissen und Beziehungen leben, nicht aber den Anspruch seines Daseins übernehmen.

In unserem Alltag manifestiert sich diese Weise unseres In-der-Welt-seins in der Allgegenwart von Geschäftigkeit. Geschäftigkeit beschäftigt uns zunehmend, nämlich rund um die Uhr bis hinein in unsere Träume. Beschäftigt zu sein ist nicht nur ökonomischer und sozialpolitischer Zwang, vielmehr eine bestimmende Grundlage unseres Mitseins. Denn wer immer in diesem vorherrschenden Kontext Zeit erübrigen kann, etwa, um sich zu sammeln, muss irritieren. Die Sozialwissenschaftlerin Marianne Gronemeyer dokumentiert dies in ihrem Buch „Das Leben als letzte Gelegenheit" und formuliert sehr präzise: „Die Klage über einen eklatanten Mangel an Zeit ist ein alltagsroutiniertes Zeremoniell. [...] Wer etwas auf sich hält, kann es sich nicht leisten, Zeit in Hülle und Fülle zu haben. Nur geschäftige Eile verleiht die Aura der Bedeutsamkeit."[39] Zeit nicht für die Übung der Sammlung zu verschwenden, so könnten wir ergänzend fortsetzen, wäre ein moralisches Gebot.

Zwar bemerkt der Sozialpsychologe Alexander Mitscherlich schon vor einem halben Jahrhundert in den 60er Jahren in dieser alltäglichen Betriebsamkeit eine neurotische Struktur, wenn er schreibt: „Alle Faszination geht vom Handeln, von unruhiger Geschäftigkeit aus; Bedenken, Zaudern ist derart verdächtig, daß schon aus dieser Reaktion allein geschlossen werden könnte, wie neurotisch-prekär die innere Situation der verschiedenen Gruppen

---

[39] M. Gronemeyer, Das Leben als letzte Gelegenheit. Sicherheitsbedürfnisse und Zeitknappheit, Darmstadt 2. A. 1996, 73.

von Stadtbewohnern ist."[40] Seither hat sich die Geschäftigkeit verstärkt und haben Beschäftigungsprogramme zugenommen, um die sichtbare Not der Gegenwart einigermaßen zu lindern. Deren Notwendigkeit unter den herrschenden Prämissen soll hier auch gar nicht bestritten werden. Die Notwendigkeit selbst aber ist abhängig von den ontologischen Grundlagen bzw. epochalen Grundstrukturen der Gegenwart. Und das scheinbar Notwendende dieses Notwendigen reicht mithin nicht in jene Dimension, der die Not der Gegenwart entspringt, sondern perpetuiert sie.

Wenn nun etwa der Filmemacher Pier Paolo Pasolini in den 70er Jahren die Zerstörung der Kultur des Einzelnen analysiert und sieht, dass die rastlose Geschäftigkeit des Menschen als eines animal oeconomicus die „Heiligkeit des Lebens zerstört"[41] und deshalb in seinem Testament überraschend formuliert „Es lebe die Armut"[42], so musste er ähnlich verständnislos rezipiert werden wie Heidegger, wenn er im Humanismusbrief von der Not der Notlosigkeit spricht.[43]

Denn es entspricht dem Wesen des „man", sich gerade nicht von der Erfahrung erschüttern zu lassen, dass die geschäftige Betriebsamkeit, Zerstreutheit, Gier nach Neuem Formen des Besessenseins sind, in der Sprache der klassischen Philosophie formuliert: eines Fremdbestimmt-seins oder einer Heteronomie, welche Subjektivität nicht in der Weite seines Daseins sondern nur in ei-

---

[40] A. Mitscherlich, Die Unwirtlichkeit unserer Städte. Anstiftung zum Unfrieden, Frankfurt 15.A. 1980, 47f.

[41] P.P. Pasolini, Freibeuterschriften. Aufsätze und Polemiken über die Zerstörung der Kultur des Einzelnen durch die Konsumgesellschaft, Berlin 1975, 66.

[42] Ebd., 132.

[43] „höchste Not, die Notlosigkeit in dieser Not" (M. Heidegger, Wegmarken, Frankfurt 2. A. 1978: 113).

nem vorgegebenen Rahmen sich erfahren lassen. Aus dieser Sicht, d.h. aus der Erfahrung gegenwärtigen Daseins erscheint die Existenzweise des man-Selbst-seins hingegen als Fluchtverhalten vor dem eigenen Da, weshalb sowohl die Selbsterfahrung des einzelnen wie die Begegnung mit anderen nur flüchtige Ereignisse sind. Flüchtig nur erfahren wir uns auch selbst als Flüchtende, nicht zuletzt vor dem Anspruch der Gegenwart.

Nach dem bisher Gesagten meint Gegenwärtig-sein eine Seinsweise, die in oftmals verschüttet ist und als Möglichkeit erst wieder freigelegt werden muss. Als alltägliche Versuche, sich zu konzentrieren etwa oder im Wunsch, dass einem jemand zuhören möge, aber auch im Bemühen, etwas „bewusst" zu tun oder etwa klar und deutlich zu erkennen, erfahren wir implizit das Bedürfnis präsent zu sein – allerdings als im Subjektivitätsverständnis der Neuzeit fundiertes Bedürfnis. Dieses Bedürfnis nach Gegenwart ist uns also einerseits nahe, anderseits als Druck, der auf uns lastet, zugleich fremd. In diesem alltäglichen Bedürfnis spiegelt sich aber auch eine Not, das, wessen wir bedürfen, was wir zutiefst brauchen.

Wir könnten deshalb sagen: In den alltäglichen Bedürfnissen verborgen, überspielt, übertönt, übersehen und überhört waltet ein Brauchen, das durch keine Bedürfnisbefriedigung gestillt werden kann: es braucht eine Weise zu sein, die uns gegenwärtig werden lässt, es braucht einen Zeit-Spiel-Raum, der Gegenwärtig-sein zulässt.

Mit unserer Reflexion über epochal Bestimmendes haben wir einerseits verständlich gemacht, warum die Übung der Sammlung ein Rückgang ist, anderseits haben wir mit dieser Reflexion genau dies auch verhindert: Indem wir über die existenzialen und epochalen Bedingungen der Sammlung reflektiert haben, konnten wir die ursprüngliche Erfahrung von Sammlung überspringen. Vielleicht haben wir die Erfahrung von Sammlung erfolgreich zerredet und können dies sogar glaubhaft rationalisieren. Vielleicht sogar erscheint es interessanter, über Sammlung zu sprechen ist als von ihr. Zerredung ist eine verbreitete Weise wissenschaftlichen entertainments bzw. infotainments, wie es in modernen Didaktiken heißt. Muß die Aufklärung über ihre Unaufgeklärtheit aufgeklärt werden, wie Adorno eindringlich formuliert, so muss vielleicht auch Reflexion darüber nachdenken, dass ihr Vollzug nur möglich ist in einem Horizont, aus dem her sich zu Reflektierendes dem Denken reicht.

Erinnern wir uns an methodische Vorgangsweise der Phänomenologie, so ist Alltäglichkeit nicht zu überspringen, aber auf ihre Tiefendimension hin zu bedenken. Gehen wir also einen Schritt zurück und wieder-holen wir unseren Versuch, von der Sammlung zu sprechen.

4. Die Übung der Sammlung oder: der wiederholende Rückgang

Gegenwärtig zu sein ist eine Möglichkeit, die uns gegeben, ja aufgegeben ist. Es ist aber keine vorhandene Existenzform, die wir dinghaft haben oder verlieren könnten, sondern eine Gabe, die wir nur zulassen können, indem wir uns aus der Zerstreuung zurückrufen lassen. Dieses Zulassen ist das Wesen der Übung der Sammlung.

Sammlung aber ist jene Weise unseres ausgezeichneten Selbstseins, in der wir uns selbst und einander offen i.S. von gegenwärtig sind, in der wir, einander begegnend, die werden, die wir sind. Sammlung stiftet diese Identität in der Differenz zueinander. In ihr entbirgt sich unser Selbstsein und bleibt gleichwohl in allem Entbergen geborgen, dem grellen Licht der Neugierde bzw. dem verobjektivierenden Feststellen entzogen und verborgen. Sammlung wahrt unser Selbstsein.

Die so verstandene Sammlung könnte ein Herzstück des Philosophierens bei Heidegger sein und der in „Sein und Zeit" zentrale Begriff der Sorge ein Synonym für dieses Geschehen. Ein von Heinrich Wiegand Petzet aufgezeichnetes Gespräch Heideggers mit einem buddhistischen Mönch mag dafür wegweisend sein:

„Heidegger hatte von der Gelassenheit, der Offenheit für das Geheimnis gesprochen. So kommt zuletzt noch das Wesen der Meditation zur Sprache: Was sie für den östlichen Menschen bedeute? Der Mönch antwortete ganz einfach: Es heiße ‚sich sammeln'. Je mehr der Mensch, ohne Anstrengung des Willens, sich sammle, desto mehr ent-werde er sich selber. Das ‚Ich' lösche aus. Bis am Ende nur noch eines sei: das Nichts. Aber das Nichts sei nicht ‚nichts', sondern gerade das ganz andere: die Fülle. Nennen könne das keiner. Aber es sei - Nichts und Alles - die Erfüllung. Heidegger hat es verstanden und sagt: ‚Das ist es, was ich immer, mein Leben lang, gesagt habe.'"[44]

Dieses Gesprächsfragment deutet an, dass Heideggers Anliegen nicht ist, eine herkömmliche Theorie zu entwickeln. Schon eher passt für ihn die alte Bezeichnung eines Lebemeisters denn die eines Theoretikers oder Lehrmeisters. Mit dieser Kennzeichnung ist

---

[44] H. W. Petzet, Auf einen Stern zugehen. Begegnungen und Gespräche mit Martin Heidegger, 1929-1976, Frankfurt 1983, 190.

es leider nicht getan, denn trifft zu, was damit angedeutet ist, so verschärft sich unser Thema des Gegenwärtig-seins und der Sammlung. Würde Heidegger eine Theorie entwickeln mit Hypothesen, Prämissen, Falsifikations- und Verifikationsmöglichkeiten etc., hätten wir es leichter. Wir könnten uns zurücklehnen, Heidegger gewissermaßen beim Denken zusehen und uns fragen, ob die Theorien unseren eigenen Vorstellungen entsprechen.

Ist aber Heidegger tatsächlich ein Lebe„meister", so erschöpft sich dessen Wissen nicht im Gewussten, d.h.: Vorstellungen und Begriffe zu konzipieren sind vielleicht Momente dieses Wissens, dieses selbst aber steht nicht mehr in einem Gegensatz zu einer Praxis, einem Tun. Das Wissen eines Lebemeisters steht so unter dem Anspruch, dass es nicht einen Dualismus von Theorie und Praxis nachträglich zu überwinden sucht. Es geht also von Anfang an um uns selbst, um das Geschehen, den Vollzug unseres Lebens.

Sammlung, so sagt das Gesprächsfragment, ist zumindest eine Weise unseres Selbstseins. Unsere herkömmlichen Interpretationsschemata von aktiv und passiv dürften nicht ausreichen, um dieses Selbstsein zu verstehen. Und wenn der Mönch schließlich sagt: „ohne Anstrengung des Willens", dann ist dieses Nicht-Tun nicht einfach ein Nichts-Tun. Diese Sammlung ist daher etwas anderes als eine Konzentrationsübung, keine Höchstform von Selbstbeherrschung. Es ist überhaupt nicht das Tun eines Ich, das sein Ich aus der Zerstreuung sammelt - vielleicht um anschließend stärker zu sein etc. Gleichwohl ist es ein Tun, aber ein solches, das sich als Entsprechen erfährt. Dies ist ein entscheidender Gedanke.

Vielleicht ist der Vergleich mit unserem Hören hilfreich: Hörend gegenwärtig zu sein, ganz beim Gehörten und in der Welt des Sprechenden zu sein, im Wort des Anderen diesem selbst zu begegnen, dieses Hören-können ist uns ermöglicht vom Anderen, es verdankt sich seinem Zuspruch. Zugleich aber ist der Andere angewiesen auf unser Hören, denn nur deshalb weil wir hörend gegenwärtig sind, kann er uns seine Welt eröffnen. So sind wir einander vereignet. Sprechende und Hörende sind nicht zwei Subjekte, das eine aktiv, das andere passiv, die sich ausdrücken bzw. das Ausgedrückte empfangend in ihre Welt einordnen. Vielmehr verdanken wir einander unser Sein-dürfen für einander. Die zugrunde liegende Offenheit unseres Wesens, als Ortschaft dem anderen ganz, d.h. persönlich begegnen zu dürfen, ist von keinem hergestellt oder bewirkt oder gar verursacht worden.

In unserem Gesprächsfragment über die Sammlung ist diese in eine Begrifflichkeit eingebettet, die Heidegger als Gelassenheit bzw. Offenheit für das Geheimnis bezeichnet. Nach dem bisher Angedeuteten ist ein Geheimnis hier nicht als Geheimniskrämerei, o.ä. zu verstehen, sondern als jenes, was uns unser Selbstsein und unsere Sammlung ermöglicht, als solches aber kein Gegenstand sein kann.

Das Tun der Sammlung ist ein sich-in-Anspruch-nehmen-lassen, ein antwortendes Entsprechen. Sammlung heißt also: in einer spezifischen Weise der Sprache des Wesens entsprechen, Seiendes in seinem Anwesen zuzulassen. Im Kontext des Denkens von „Sein und Zeit" könnte man formulieren: sich in einen Bezug einzulassen, in dem wir immer schon sind. Dieser Bezug in dem wir sind ist uns aber alltäglich verborgen schon durch die Vorstellung unseres In-seins als eines Vorhanden-seins in etwas anderem. Im Koordinatensystem zu fassende Beziehungen des räumlich und zeitlich vorhandenen Seins von etwas in einem anderen reichen aber nicht hin, die Offenheit unseres Daseins der Offenheit selbst gegenüber zu fassen. Denn die Grundweise unseres Daseins in der Welt erschöpft sich nicht darin, dass wir etwas vernehmen, ja dass wir etwas als etwas vernehmen, sondern dass uns der Horizont dieses Vernehmens, ja dieses selbst offen ist. Wenn wir in der Welt anwesend, präsent sind, vergegenwärtigen wir uns also nicht nur etwas in dem, was es ist, sondern dies, dass uns überhaupt dies Seiende in seinem Was-sein gegeben ist, ist uns unthematisch mitgegeben. Im Dass-sein als Horizont allen Was-seins deutet sich die Gegenwart des Gegenwärtigen an. Nur deshalb kann uns etwas in dem, was es ist gegenwärtig sein, weil ein unscheinbares und unaufdringliches Dass, d.h. Gegenwart selbst Seiendes gegenwärtig, d.h. für uns anwesend sein lässt.

Gesammelt im Da unserer Existenz zu sein ist eine ausgezeichnete Weise, Seiendes in seinem Anwesen zu erfahren, die Gegenwart des Gegenwärtigen zu vernehmen. Diese Existenzweise ist kein Tun im herkömmlichen Sinn, sehr wohl aber eine téchne im griechischen Sinn, d.h. eine Kunst, ein Vermögen menschlichen Seins. Wir vermögen uns zu sammeln nicht Kraft eines Willensentschlusses, eher schon dort, wo wir unseren Willen ent-schliessen, d.h. auf-schliessen für das, was allem Willen erst sein intentionales Wollen ermöglicht. D.h.: unser Vermögen gründet in einem Ermöglichenden. Das unser Vermögen Ermöglichende ist aber – so möchte ich im Anschluss an Heidegger formulieren – das uns Mögende.

In der Vorlesung „Was heißt Denken?" heißt es:

„[...] wir vermögen nur das, was wir mögen. Aber wir mögen wiederum wahrhaft nur Jenes, was seinerseits uns selber und zwar uns in unserem Wesen mag, indem es sich unserem Wesen als das zuspricht, was uns im Wesen hält [...] Was uns in unserem Wesen hält, hält uns jedoch nur so lange, als wir selber von uns her das Haltende be-halten. Wir be-halten es, wenn wir es nicht aus dem Gedächtnis lassen. Das Gedächtnis ist die Versammlung des Denkens."[45]

Weil unser Vermögen der Sammlung aber selbst ermöglicht ist, bedarf unser Tun der Sammlung eher eines Nicht-Wollens als eines Wollens, bedarf es einer Verwandlung unseres Willens vom intentionalen Bewirken in ein Zulassen. Das Nicht-Wollen zu wollen mag ein Schritt in diese Verwandlung sein, die sich aus der Zerstreuung zurückrufen lässt. In einem Feldweggespräch benennt Heidegger dies mit dem alten Wort der Gelassenheit. Das Gegenüber unseres gesammelten Seins im Da zu jenem Ermöglichenden ist keines mehr, das von Subjektivität und Objektivität her bestimmt werden könnte, d.h. vom Entwerfen, Gegenwerfen oder Unterwerfen. Gegenständlichkeit entschwindet zugunsten eines lassend-zulassenden Bezugs. Heidegger nennt in diesem Gespräch dieses Versammelnde die „Gegnet" und deutet mit diesem Kunstwort sprachlich im Gegnen eine Bewegung an. Es heißt dort: „Die Gegnet ist die verweilende Weite, die, alles versammelnd, sich öffnet, so daß in ihr das Offene gehalten und angehalten ist, jegliches aufgehen zu lassen in seinem Beruhen."[46] Eingelassen in das Versammelnde ereignet sich ein Aufgang des Seienden.

Sammlung mag als eine Weise leibhaften Vernehmens verstanden werden: Vernehmen meint dann nicht ein abstraktes Erkennen, sondern ein leibhaftiges Gewahr-werden dessen, dass wir in einen Bezug zum Ganzen und zum Grunde unseres Daseins eingelassen sind. Leibhaftige Sammlung könnte daher als ein radikales Denken verstanden werden. Dieses Denken leibhaftiger Gesammeltheit überwindet gewaltlos den vorherrschenden Denk-Entwurf eines vorstellenden Reflektierens, dem alles nur in einer

---

[45] M. Heidegger, Was heißt Denken? Tübingen 3. A. 1971, 1.
[46] M. Heidegger, Gelassenheit, Pfullingen 6. A. 1979, 40.

rechnenden und verobjektivierenden Beziehung begegnen kann. Leibhaftige Sammlung wäre ein Denken, wo nicht ein Etwas in mir sich ein Etwas außer mir setzt und sich so als ein Subjekt konstituiert, sondern ein Denken, das sich selbst und seine Selbstheit empfängt. Nicht mehr Es denkt in mir, sondern ich selbst stehe in einem Bezug, ja dieser Bezug ermöglicht mich in meinem Selbersein.

Da leibhaftige Sammlung keine Konzentration eines Ich ist, ist das Ganze und der Grund, der in dieser Sammlung und in die Gesammeltheit ruft, auch kein Gegenstand der Erkenntnis. Das Ganze und der Grund geben sich vielmehr zu erfahren vor aller Erkenntnis und vor aller Bewertung. Jede Erkenntnis und Bewertung würde sich außerhalb des Bezugs stellen und die Gesammeltheit in eine Vorgestelltheit unseres Wesens verwandeln. Das gesammeltantwortende Vernehmen des Ganzen und des Grundes ist in gewisser Weise formlos, kategorienlos, begriffslos, sprachlos und doch steht unser Dasein in seinem Anspruch. Der Anspruch des Ganzen und des Grundes, wie er sich unserem gesammelten Dasein entbirgt, gibt sich uns zu erfahren als ein Geschehen, das uns in unsere Einheit und Identität, wie Heidegger sagt, in ein „Beruhen" loslässt; als ein Geschehen, das uns uns selbst bejahen lässt, weil wir erfahren können, dass es gut ist zu sein; als ein Geschehen, in dem offenbar wird, wer wir sind und sein können, wo wir uns selbst unverborgen erschlossen sind. Wäre der Begriff des Schönen nicht überlagert durch sein Vorverständnis aus dem subjektiven Erleben, vielleicht könnte er benennen, was uns im Anspruch des Ganzen und des Grundes als ursprüngliche Erfahrung trifft und überkommt. Die Übung der Sammlung wäre dann eine „Erfahrung mit der leibhaftigen Einübung in das befreiende Übereinstimmen mit dem Ganzen und dem Grund".[47]

---

[47] A. K. Wucherer-Huldenfeld, Zur Bedeutung des Lehrstücks von den Transzendentalien in der abendländischen Philosophie im Blick auf das

5. Übung II oder: das Nicht-Üben üben

Karl Baier, der in der Übung der Meditation philosophierend beheimatet ist, schreibt in einem seiner Texte mit dem Titel „NICHT-ÜBEN. XXXII Sprüche":

„XXII
Nicht-Üben ist die gelöste Bewegung
von Form und Formlosem
in unabsichtlicher Offenheit füreinander.
Es ist keine Frage
der Kunstfertigkeit und Perfektion,
sondern des Geschehenlassens
des Ursprungs,
der in Haltung und Atmung aufgeht."[48]

Die Differenz, von der wir schon eingangs gesprochen haben, begleitet uns bis in das Nicht-Üben als der äußersten Form des Übens. Nicht mehr ein Etwas wird geübt, sondern dem Ursprung allen Übens wird Raum gegeben in einem Geschehenlassen, das hier als „gelöste Bewegung von Form und Formlosem in unabsichtlicher Offenheit füreinander" bezeichnet wird. Auch das Nicht-Üben ist ein Üben, aber eben ein solches, das sich nicht am Üben festhält, sondern sich seinem Woher anschmiegt – und dies in leibhaftiger Weise.

---

andere Ufer frühen indischen Daseinsverständnisses, in: ders., Ursprüngliche Erfahrung und personales Sein. Ausgewählte philosophische Studien II, Wien 1997, 347-378, hier 378.
[48] K. Baier, NICHT-ÜBEN. XXXII Sprüche, o.O. 2001.

Heidegger hat in seinem zweiten Hauptwerk „Beiträge zur Philosophie" Zeit und Raum in eine innere Zusammengehörigkeit gebracht und damit die Leibhaftigkeit einer Übung der Sammlung benannt: „Raum ist die berückende Ab-gründigkeit des Umhalts. Zeit ist die entrückende Ab-gründigkeit der Sammlung. Die Berückung ist abgründiger Umhalt der Sammlung. Die Entrückung ist abgründige Sammlung auf den Umhalt."[49]

Das Zusammen des Zusammengehörens von Raum und Zeit nennt Heidegger hier „Gegenwendigkeit". Ist dieses Zitat ein Sprachspiel? Ja und nein. Nein, wenn Sprachspiel eine subjektive Willkür meint. Ja, wenn Sprachspiel der Versuch ist, das Jenseits des Begrenzten, d.h. des Definierten, d.h. des Begriffenen zu begreifen, die Form des Formlosen als das Formlose der Form zu benennen. Ein Sprachspiel, das das Geschehen des Zeit-Spiel-Raums zur Sprache zu bringen sucht. Der Begriff des Spiels ist durchschienen von Erfahrungen einer Nutzlosigkeit, eines zwanglosen Tuns, das im Spiel ganz bei der Sache und bei sich ist. „Das Nicht-Üben ist nutzlos und unnötig – ebenso das Denken des Nicht-Übens" sagt Karl Baier in der erwähnten Schrift.

---

[49] M. Heidegger, Beiträge zur Philosophie (Vom Ereignis). GA 65, Frankfurt am Main 1989, 385.

An Stelle eines Nachwortes:
ein Abschiedsbrief

Dein Tod, mein Lieber, er trifft uns mitten ins Herz.
Wo bist Du?
Wo sind wir?
Wer begrüßt den Tag voll Lebensfreude?
Wer beschließt den Tag voll Sanftmut?
Wer öffnet die Türen zum Leben?
Wer füllt das Nichts, das Dein Tod gerissen?
Wie werden wir sein ohne Dich?
Wir vermissen Dich so sehr.
Du gehst uns ab, unser Freund.
Wir hätten dich noch so gerne
mitten in unserem Leben.
Ich kann nicht mehr lachen.
Und nicht mehr weinen.
In Deiner Abwesenheit bist Du uns nahe.

Mein Freund,
vergänglich bist Du.
Gegangen bist Du.
Vergangenheit Deiner Gegenwart.
Gegangen bist Du.
Gegenwart Deiner Vergangenheit.
Auch Deine Liebe vergeht.
Wohin geht sie?
Wohin geht sie mit Dir?
Und lässt uns zurück als die, die sie erfahren durften.

Deine Liebe überstrahlt den Schatten des Todes.
Warum nur?
Unsinnige Frage:

Ohne Warum bist Du gekommen.
Ohne Warum bist Du gegangen.
Keine Erklärung reicht in
Deine Grundlosigkeit,
keine gibt Antwort auf
die Frage, die Du uns bist.
Kein Darum ist eine Antwort auf
das Warum, das Du uns bist:
Warum überhaupt?

Warum warst Du überhaupt?
Warum warst Du nicht nicht?

Zeitfracht Medien GmbH
Ferdinand-Jühlke-Straße 7
99095 Erfurt, Deutschland
produktsicherheit@kolibri360.de